Glaube – Tradition – Lehre

Markus Wriedt (Hg.)

Glaube – Tradition – Lehre

Vom Sinn und Nutzen kirchlicher Lehre
in ökumenischer Verantwortung

Matthias Grünewald Verlag

VERLAGSGRUPPE PATMOS

PATMOS
ESCHBACH
GRÜNEWALD
THORBECKE
SCHWABEN

Die Verlagsgruppe
mit Sinn für das Leben

Für die Schwabenverlag AG ist Nachhaltigkeit ein wichtiger Maßstab ihres
Handelns. Wir achten daher auf den Einsatz umweltschonender Ressourcen
und Materialien.

Bibliografische Information der Deutschen Nationalbibliothek
Die Deutsche Nationalbibliothek verzeichnet diese Publikation in der
Deutschen Nationalbibliografie; detaillierte bibliografische Daten sind im
Internet über http://dnb.d-nb.de abrufbar.

Umschlaggestaltung: Finken & Bumiller, Stuttgart
Druck: CPI – buchbücher.de, Birkach
Hergestellt in Deutschland
ISBN 978-3-7867-3028-6

Inhalt

Markus Wriedt

Einleitung

„Dicebat Bernardus Carnotensis nos esse quasi nanos gigantum umeris insidentes, ut possimus plura eis et remotiora videre, non utique proprii visus acumine, aut eminentia corporis, sed quia in altum subvehimur et extollimur magnitudine gigantea". – Es sagte Bernhard von Chartres: wir sind Zwerge, die auf den Schultern von Riesen stehen. Wenn wir mehr und weiter sehen als diese, so rührt dies durchaus nicht von größerer Schärfe unserer Sehkraft oder mächtigem Wuchs unseres Körpers her, sondern es hat darin seinen Grund, dass wir durch die Größe der Riesen in die Höhe gehoben werden.

Kaum besser als mit der Bernhard von Chartres († nach 1124) zugeschriebenen[1] Sequenz von Johannes von Salisbury († 25. Oktober 1180), könnte man den Einstieg in diese Tagungsdokumentation wählen. Im Vorfeld eines historisch umstrittenen, in seiner Wirkmächtigkeit freilich nicht zu überbietenden Jubiläums im Jahre 2017 sollte nicht allein der Jubel über die Entdeckung evangelischer Freiheit und die ungehinderte Verkündigung des Evangeliums stehen, sondern auch Scham und Schmerz über die sich in der Folge des Auftretens Martin Luthers und der es provozierenden kurialen Reaktion ergebende bis heute andauernde Kirchen- und Glaubensspaltung. Über Schuld und Verantwortung hierfür zu diskutieren, mag anderen überlassen bleiben. Unsere Aufgabe ist es mehr denn je, mit der historischen Schuld zu leben und Perspektiven für die Zukunft der Kirche(n) in einer zunehmend säkularen und multireligiösen Welt zu entwickeln. Ein Jahr vor der 50. Wiederkehr der Eröffnung des II. Vatikanischen Konzils am 11. Oktober 1962 scheint es dringend erforderlich, die damals eröffneten Pfade weiter zu verfolgen und mutig auf dem Weg der Kirchen in das 21. Jahrhundert voranzuschreiten. Wir wollen das mit Augen- und Zeitzeugen der damaligen Beratungen, theologischen Rezipienten und Vertretern der nachvatikanischen Generationen tun.

In diesem Geist fand vom 4. bis zum 5. November 2011 im Erbacher Hof, dem Bildungszentrum der Diözese Mainz, eine gemeinsam mit Peter

---

[1] Johannes von Salisbury: Metalogicon 3,4,46–50, hrsg. John B. Hall: Ioannis Saresberiensis metalogicon, Turnhout 1991, S. 116. Vgl. dazu Walter Haug: Die Zwerge auf den Schultern von Riesen. Epochales und typologisches Geschichtsdenken und das Problem der Interferenzen, in: ders: Strukturen als Schlüssel zur Welt, Tübingen 1989, S. 86–109; und Tobias Leuker: „Zwerge auf den Schultern von Riesen." – Zur Entstehung des berühmten Vergleichs, in: Mittellateinisches Jahrbuch 32 (1997) S. 71–76

Reifenberg durchgeführte Tagung Glaube – Tradition – Lehre: Vom Sinn und Nutzen einer kirchlichen Lehre in ökumenischer Verantwortung statt. Anlass zu deren Ausrichtung war zunächst ein persönlicher, dennoch sollte es sich bei der Zusammenkunft nicht um eine Art „ökumenisches Heldengedenkens" handeln. Vielmehr sollte das beachtliche Lebenswerk von Otto Hermann Pesch, dessen akademische Vita so ganz im Schatten, oder vielmehr im Licht des zweiten Vatikanischen Konzils sich vollzog, eben diese von ihm beschrittenen Weg zu beleuchten, und wo möglich weiter zu gehen.

Wenn also auf der Einladung vermerkt war „Eine Tagung zu Ehren von Prof. Dr. Dr. hc. mult. Otto Hermann Pesch zu dessen 80. Geburtstag", so stand dieser Ehrentag nicht im Zentrum des Interesses. Das wäre auch ganz und gar gegen den Willen des Jubilars. Nein – man kann einen engagierten Professor und Lehrer, einen vielgefragten Autor und Verfasser dickleibiger Werke, von denen nicht wenige inzwischen den Rang eines unhintergehbaren Standards in der Forschung erreicht haben, man kann den Denker und Streiter für das Anliegen der interkonfessionellen Ökumene Otto Hermann Pesch nicht besser ehren, als dass man eben dies tut, nämlich sein Werk zu lesen, ernst zu nehmen und weiterzudenken.

Und genau das wollten wir tun: die zweibändige Dogmatik – und das ist angesichts der mehrtausendseitigen, faktischen drei Bände ein Euphemismus – ist 2010 erschienen und sagt programmatisch im Titel, was Pesch will: Dogmatik – i.e. kirchliche Lehre – aus ökumenischer Erfahrung betreiben. Es geht um eine positionelle, der eigenen römisch-katholischen Identität zutiefst verpflichtete, sich zu Lehramt und Tradition äußerst loyal verhaltende Darstellung der Grundüberzeugungen christlichen Glaubens in respektvollem Umgang mit ihren Kritikern und Bestreitern.

Angesichts einer zunehmend fragmentarisch sich präsentierenden und von politischer Korrektheit einerseits und toleranter Selbstzurücknahme andererseits geprägten theologischen Diskussion ist der Ruf nach fester Überzeugung und (lebens-)orientierender Wegweisung lauter denn je zu hören. Gleichwohl aber mischt sich auch in diese Rufe die Bestreitung der Möglichkeit fester, verlässlicher Aussagen in einer Zeit, die zunehmend unsicher und im wahrsten Sinne des Wortes „fragwürdig" geworden ist.

So selbstverständlich es dem Berufsbild eines systematischem Theologen eignet, am Ende eines langen, erfüllten Arbeitslebens die Frucht der eigenen Forschung zu sammeln, so wenig selbstverständlich erscheint es, diese Früchte mit dem Anspruch der Allgemein-Gültigkeit zu veröffentlichen. Das wollen wir gleichwohl in der durchaus provokanten gemeinten

Perspektive der Frage nach dem „Sinn und Nutzen einer kirchlichen Lehre in ökumenischer Verantwortung" versuchen.

Der Einladung sind Freunde und Weggefährten von Hermann Pesch, aber auch jüngere Theologen und Kritiker einzelner ökumenischer Entwicklungen gefolgt. Wir haben dafür sehr herzlich zu danken – dies auch vor dem Hintergrund einer überbordenden Verpflichtung von Lehrenden in der gegenwärtigen turbulenten Zeit von Studien- und Ausbildungsreformen und am Beginn eines Semesters. Den Emeriti danken wir herzlich für Ihre Bereitschaft den wohlverdienten Ruhestand zu verlassen und noch einmal die akademische *cathedra* zu besteigen.

Der Reigen von Vorträgen, die im vorliegenden Band dem Tagungsablauf entsprechend angeordnet sind, beginnt mit einem Grußwort vom Prior des Konvents der Dominikaner in Mainz *Pater Josef Kleine Bornhorst OP* als sinnfälliger Ausdruck für die auch nach der Laisierung von Hermann Pesch weiterbestehende herzliche Beziehung der Ordensgemeinschaft zum Jubilar.

Dem folgt anekdotenreich und darin besonders lebensnah der Bericht zweier Hamburger Kollegen von Otto Hermann Pesch, die mit ihm lange Zeit gemeinsam am Fachbereich Evangelische Theologie tätig waren. Sie heben mit ihrem Beitrag Katholische Dogmatik am Fachbereich Evangelische Theologie der Universität Hamburg auf die besondere Stellung ab, die ihr systematischer Kollege nach behutsamer Abstimmung mit den Vertretern der Kirchen dort einnehmen konnte. *Peter Cornehl* und *Wolfgang Grünberg* vertreten beide das Fach Praktische Theologie und stehen so sinnbildlich für die stets wahrgenommene Pflicht systematischer Erörterung, lebenszugewandt und praktisch anwendbar den Glauben der Christen zu reflektieren.

Thomas Eggensperger OP nimmt mit seinem Beitrag Gesetz und Vernunft – Der Kommentar von O.H. Pesch zum Lex-Traktat des Thomas von Aquin in der Summa theologiae und die Rezeption einen gewichtigen Teil der theologisch-historischen Arbeit von Pesch auf und weist dessen lebenslange Beschäftigung mit dem Werk des Aquinaten als Grundton auch seines ökumenischen Engagements nach.

Der freundschaftlich verbundene Kollege und Weggefährte über mehr als 40 Jahre hinweg, jetzt *Bischof von Mainz, Karl Kardinal Lehmann*, greift in seinem Vortrag ein zentrales Thema des Selbstverständnisses der universitär tätigen Theologen auf. Unter dem Titel „Zur ökumenischen Verantwortung akademischer Theologie" erläutert er die enge Verbindung von sachbezogener Differenzarbeit und der Verantwortung des theologischen Handelns und Denkens im Geiste der Weltchristenheit.

Die beiden folgenden Vorträge beschäftigen sich mit Teilaspekten des dogmatischen Werkes von Otto Hermann Pesch: *Johannes Brosseder*, akademischer Freund und Kollege noch aus gemeinsamen Münchner Zeiten, akzentuiert einige Erweiterungen des ekklesiologischen Traktats der Dogmatik von Pesch unter dem Titel: Ecclesia und Synagoge – die bleibende Erwählung Israels und der Traktat von der Kirche in ökumenischer Verantwortung. Vor dem Hintergrund der aktuellen Debatte um theologischen Antijudaismus und politische Judenfeindschaft bis hin zum Antisemitismus sowie deren häufig unterminierten und unscharfen Trennlinien ein gewichtiger Beitrag, der das Werk von Otto Hermann Pesch weiterzudenken sich bemüht.

Unter dem Titel „Vom Dialog zur Dialogizität – Konfessionelle Identität in Zeiten religiöser Pluriformität" sprach schließlich der Herausgeber als Vertreter eben dieser jüngeren Generation von Möglichkeiten, die Fackel des ökumenischen Gespräches aufzunehmen und in scheinbar fremder disziplinärer Theoriegestalt weiter zu nähren.

Zwei Beiträge konnten leider nicht in die vorliegende Sammlung aufgenommen werden. Der Beitrag von *Knut Wenzel* wurde aufgrund der zeitweiligen Erkrankung seines Verfassers nicht mehr redigiert. Wir bedauern diesen Umstand umso mehr, als dass der Frankfurter Kollege durch eine saloppe Bemerkung über den „Ebelingschen Charakter" der Dogmatik von Otto Hermann Pesch diese Tagung durchaus mit initiiert hatte. Der Münsteraner Kirchen- und Reformationshistoriker *Albrecht Beutel* war deswegen eingeladen, einen Abriss zum Entwurf der protestantischen Dogmatik bei Gerhard Ebeling zu geben. Da er gleichzeitig eine umfangreiche Biographie des evangelischen Theologen aus Anlass der Wiederkehr von dessen 100. Geburtstag vorgelegt[2] und seinen Vortrag zu weiten Teilen daraus sowie einer weiteren Veröffentlichung geschöpft hatte,[3] verzichtete er auf die nochmalige Wiedergabe seines Textes. Die Nähe und Differenz zu dem theologischen Entwurf von Gerhard Ebeling ist gleichwohl auch in anderen Beiträgen durchaus mitzudenken – und gegebenenfalls an anderer Stelle weiter zu führen.

---

[2] Albrecht Beutel, Gerhard Ebeling. Eine Biographie, Tübingen 2012.
[3] Albrecht Beutel, Zwischen Eucharistie und Euthanasie. Gerhard Ebeling als Pastor der Bekennenden Kirche (Nordrhein-Westfälische Akademie der Wissenschaften und der Künste, G 439) Paderborn 2012, wiederabgedruckt in: ders.: Spurensicherung. Studien zur Identitätsgeschichte des Protestantismus, Tübingen 2013, 245–268.

Obwohl alle Beteiligten selbstlos ihre Zusage gaben, kostet so eine Tagung erheblich Geld. Hierfür haben die Veranstalter großzügigen Sponsoren herzlich zu danken: den Freunden der Goethe Universität Frankfurt am Main, dem Schwaben-Verlag Ostfildern, der als Eigner des Matthias Grünewald Verlages Pesch weiterhin als Hausautor unterstützt, dem Förderverein des Fachbereichs Evangelische Theologie der Goethe Universität Frankfurt am Main, der theologischen Fakultät der Universität Mainz, die Hermann Pesch vor Jahren die Würde eines Ehrendoktors verliehen hatte, insonderheit dabei dem Lehrstuhlinhaber für Dogmatik – Herrn Prof. Dr. Leonhard Hell –, dem Weihbischof der Erzdiözese Hamburg Herrn Dr. Jaschke, sowie der Akademie des Bistums Mainz und hier vor allem dem Bischof von Mainz, Herrn Karl Kardinal Lehmann. Er hat auch die Drucklegung dieses kleinen Bandes großzügig unterstützt. Für die problemlose und äußerst kooperative Abwicklung dieses Projekts danke ich sehr herzlich Herrn Volker Sühs vom Matthias Grünewald Verlag. Bei der Layout-Gestaltung half in bewährter Weise Frau Annalena Stich, meine Hilfskraft aus Frankfurt am Main.

Insofern der Band im einhundertsten Jahr der Gründung der Universität in Frankfurt am Main erscheint, markiert er innerhalb der größeren Anzahl von Jubiläumsveröffentlichungen in bescheidener Weise sowohl die Notwendigkeit akademischer Theologie in säkularen Bildungsinstitutionen wie auch die bleibende akademische Verpflichtung zum ökumenischen Miteinander über Disziplinen- und Konfessionsgrenzen hinweg.

Möge das Büchlein damit seine Wirkung tun, dass es zur Lektüre der Originalschriften von Otto Hermann Pesch, vor allem aber zum bleibenden Engagement zum Gespräch zwischen den Christen aller Denominationen Anlass gibt. Das wäre nicht nur ein würdiges Geburtstagsgeschenk, sondern auch eine wirkmächtige Umsetzung des Anliegens aller Beteiligten.

Frankfurt, im Oktober 2014

Josef Kleine Bornhorst OP

Grußwort

Sehr geehrter Herr Kardinal Lehmann!
Verehrte Festversammlung!
Lieber Prof. Otto Hermann Pesch!

Als Dominikaner des Mainzer Klosters St. Bonifaz, das gleichzeitig unser Studentatshaus ist, ist es mir eine Ehre und eine Freude ein Grußwort auszusprechen. Sie Prof. Pesch waren und Sie sind uns Dominikanern doch in besonderer Weise verbunden gewesen, sind sozusagen ein Ehemaliger des Ordens. Doch diese Verbundenheit ist nicht nur Nostalgie oder verklärte Vergangenheit, nein Sie genießen weiterhin bei vielen Brüdern eine hohe Wertschätzung, natürlich wegen ihrer theologischen philosophischen Fähigkeiten, aber auch ihrer Menschlichkeit. Es gibt diesen gegenseitigen Respekt. Auch sind Sie vielen jüngeren Brüdern verbunden und Ich erinnere mich gut daran, dass sie vor einigen Jahren in Worms unseren jüngeren Mitbrüdern in der Ausbildung Thomas von Aquin in einer Unterrichtseinheit näher brachten. Vielen Dank, denn das alles ist nicht selbstverständlich.

Und im Orden des hl. Dominikus hat sich herumgesprochen, was Otto Hermann Pesch macht, das macht er gut und perfekt, damals, heute und morgen.

Ich gehöre nicht der Generation an, der Sie noch aus den Walberberger Zeiten erlebt hat, damals in unserem ehemaligen Studienhaus, der theologisch-philosophischen Hochschule Walberberg. Doch ich weiß, der Orden verdankt ihnen vieles und es ließen sich jetzt sehr, sehr vieles anführen und ihr Wirken damals und heute als den großen Theologen und Thomaskenner hervorheben und ihre Verdienste für die Ökumene, all das, was ja heute und morgen Gegenstand dieser Tagung ist.

Ich möchte mir an dieser Stelle erlauben, einen anderen Bereich bzw. andere Seite ihres Wirkens herauszugreifen für die Otto Hermann Pesch auch in Walberberg bekannt war und bis heute einen fast legendären Ruf hat, Otto Hermann Pesch der Musiker, der Hauptorganist, der Schola-Leiter, und der Leiter des Studentatsorchesters und auch als einer, der sogar kleine eigene Kompositionen geschrieben hat. Er förderte und forderte und verlangte von sich und den anderen vollen Einsatz. Und Dominikaner zu leiten und zusammenzuführen zu einem gemeinsamen Orchesterspiel war damals wie heute eine Herausforderung. Und das Orchester spielte beim Thomas Fest, wo auch Kardinal Frings oft zugegen war, selber auch ein Musikliebhaber. Alles musste perfekt sein, das war die Erwartung des Leiters des Studentatsorchesters.

Und fehlte z.b. eine Bratsche in der Besetzung des Orchesters wurde ein Mitbruder und Student gerufen und berufen sich die Kunst dieses Instrumentes anzueignen. Das erzählte mir ein Bruder, der heute in Worms lebt, Pater Werenfried, der übrigens nächste Woche auch seinen 80. Geburtstag feiert. Und er übte und spielte dann die Bratsche im Orchester. Ja, Otto Hermann Pesch konnte berufen, überzeugen, motivieren, weil sie selbst motiviert war, höchst motiviert war, ein echter Motivator

Und es gab dann die zwei Herzen in seiner Brust, Otto Hermann Pesch der Musiker und Otto Hermann Pesch der Theologe. Und die Frage war dann, nach der Gewichtung und Entscheidung: Ist es das Pult des Dirigenten oder das Pult des Theologen im Vorlesungssaal, der Hochschule, der Universität? Wir wissen heute um ihre Entscheidung, die ihnen sicherlich nicht leicht gefallen ist, wie manche Entscheidungen Ihnen nicht leicht waren. Ja, Sie haben es sich nicht leicht gemacht.

Ja, Gott hat Ihnen viele Talente geschenkt und sie haben viel daraus gemacht, worüber wir heute froh und dankbar sind, denn sie haben Ihr Wissen weitergeben an viele, an viele Studenten, Zuhörer und Leser. Sie haben versucht Brücken zu schlagen, gerade auch in der so wichtigen Frage der Ökumene.

Und jetzt fast zum Schluss meines Grußwortes, eigentlich kommt jetzt an dieser Stelle das Präsent, dass dann der Laudator am Ende des Grußworts überreicht, was ich jetzt aber nicht aus meiner tiefen Habit-Tasche ziehe, nein, ich habe kein Präsent dabei, wohl aber etwas anderes, eine Einladung. Ich möchte sie gerne einladen zu einem Besuch zu uns in unser neues Kloster, in der Gartenfeldstraße 2. Wir würden uns freuen, wenn sie unser Gast wären und noch mehr, denn sie sind und bleiben uns willkommen, denn sind als einer der der dominikanischen Familie mit Herz und Verstand verbunden geblieben ist.

Lieber Prof. Otto Herman Pesch. Ich wünsche Ihnen alles, alles Gute, weiterhin viel Schaffenskraft und ich wünsche Ihnen vor allem Gesundheit und Gottes Segen oder wir sagen es kurz und knapp: *„ad multos annos!"*

Peter Cornehl / Wolfgang Grünberg

Normalfall? Sonderfall? Glücksfall! – Katholische Theologie am Fachbereich Evangelische Theologie. Oder: Otto Hermann Pesch in Hamburg

1. Die Berufung (1975): Rechtliche Konstruktion und fachliches Profil

„Im Falle meiner Berufung in den Fachbereich Evangelische Theologie wird es laut Ausschreibungstext meine Aufgabe sein, im Fach *Systematische Theologie...das Verhältnis von evangelischer und katholischer Theologie unter dem Gesichtspunkt der Grundfragen evangelischer Theologie* in Forschung und Lehre zu bearbeiten mit dem Ziel, *einen wissenschaftlichen Beitrag zum theologischen Dialog zwischen evangelischer und katholischer Kirche zu leisten.* "

Mit diesem Zitat beginnt Otto Hermann Pesch – als Teil seiner Bewerbungsunterlagen - eine sechsseitige Ausarbeitung seiner „ZIELVORSTELLUNGEN FÜR MEINE ARBEIT IM FALLE MEINER BERUFUNG". Nicht ahnen konnte der Bewerber für diese Professur, dass die amtlich ausgehängte Ausschreibung am schwarzen Brett des Fachbereichs durch einen Studenten handschriftlich, (und natürlich illegal), ergänzt worden war durch einen Zusatz: „und (der Bewerber) sollte Otto Hermann Pesch heißen".

Dieser Zusatz war, wie wir alle wissen, eine sich erfüllende Prophetie. Sie kam nicht von ungefähr, denn Otto Hermann Pesch hatte schon zuvor vom 1.4.1974 bis zum 31.3.1975 als „Wissenschaftlicher Angestellter aufgrund einer Sonderdienstvertretung" zwei Semester als Vertretungsprofessor für Systematische Theologie in Hamburg gelehrt und sehr schnell die Sympathie vieler Studierenden gewonnen. Diesen Anfangsbonus hat Otto Hermann Pesch in Hamburg nie verloren. Er war erfrischend anders und sollte auch später für viele Überraschungen gut sein. Doch davon später.

So kam am Ende seine Berufung auf den Lehrstuhl für Systematische Theologie mit dem Schwerpunkt Kontroverstheologie nicht mehr überraschend. Gleichwohl war diese Berufung eine – leider bislang an Evangelischen und Katholischen Theologischen Fakultäten bzw. Fachbereichen einmalige – Entscheidung, die der Evangelischen Theologie in Hamburg für viele Jahre ein in Deutschland einmaliges Profil gab. Peschs Zielvorstellungen sind beredte Spuren für das neue, sich in Hamburg entwickelnde Profil. In seinen eigenen Worten:

„Systematische Theologie - darunter verstehe ich die als eigene Fachaufgabe betriebene Bemühung, die grundsätzlich keiner theologischen Disziplin erspart werden kann, nämlich die in der Geschichte ergangene, in geschichtlichen Ausprägungen überlieferte Botschaft des christlichen Glaubens mit dem Denken und der Selbsterfahrung des Menschen der Gegenwart in wechselseitiger kritischer Befragung zum Schnittpunkt schöpferischer Neuverantwortung zu bringen…"

Welch' genaue Vorstellungen sich Otto Hermann Pesch von der Chance dieser einmaligen Konstellation machte, wird in seinen „Zielvorstellungen" ganz deutlich. Hier ist in nuce ein Programm angedacht, das u.E. bis heute Bestand hat. So beschreibt Pesch schon seinen *„Beitrag zum theologischen Dialog zwischen den Kirchen"* wie folgt:

„Es versteht sich von selbst, dass über die Information hinaus die theologischen *Sachfragen* aufgearbeitet werden müssen …, an denen die Kirchen im 16. Jahrhundert auseinander gingen … Dabei muss, was kontrovers ist, auch kontrovers genannt werden – weshalb die ergänzende Kennzeichnung der Professur durch „Kontroverstheologie" mit Recht einschärft, dass der Wille zum friedfertigen Ausgleich nicht den Willen zur Wahrheit außer Kraft setzen darf. …

Meine Arbeit in Hamburg würde von der – von vielen katholischen und evangelischen Theologen geteilten – Überzeugung ausgehen, dass die heute *entscheidenden,* der systematisch-theologischen Reflexion gestellten Fragen und Aufgaben nicht mehr konfessionsspezifisch gelöst werden können (und dürfen), sondern stets im Blick auf die anderen Kirchen – und sozusagen mit zu ihren Gunsten angegangen werden müssen.

Nach 450 Jahren Konfessionsgeschichte drängt sich heute die Einsicht auf, dass die konfessionellen Ausprägungen der christlichen Theologie nicht einfach Ja und Nein zu denselben Fragen bzw. Aussagen, sondern weithin irreduktible Ganzheiten theologischer Reflexionsstrukturen und gar Spiritualitäten sind. Dass sie als solche bei aller Frag-würdigkeit im Detail zunächst einmal gleichen Rang vor der Sache des christlichen Glaubens beanspruchen können, kann zwar nicht a priori dekretiert, aber auch nicht a priori ausgeschlossen werden … Ein solcher Versuch einer nicht nur ‚kontroverstheologischen', sondern ‚interkonfessionellen' systematischen Theologie wird die theologischen Traditionen der Kirchen vorbehaltlos aufnehmen, aus ihnen *allen* die überlieferte Botschaft … zu hören versuchen …

Unter diesen Voraussetzungen bewerbe ich mich vollbewusst *als katholischer Theologe* für die ausgeschriebene Professur. Es dürfe deutlich

sein, dass mich dabei weder der geringste ‚gegenreformatorische' Impuls
noch irgend ein Wunsch bewegt, die Bindung an meine eigene Kirche zu
lockern." Auf dieser Basis entfaltete sich dann seine Tätigkeit in Hamburg von
1975 bis 1998. Diese schloss weit mehr ein als die volle Lehre im Fach
Systematische Theologie. Otto Hermann Pesch arbeitete auch in dem sog.
„Propädeutikum" mit, einer weiteren Hamburger Spezialität zu dieser Zeit,
wo Lehrende und Studienanfänger eine gemeinsame experimentelle Lern-
gruppe bildeten. Allerdings gab es auch Grenzen: Die Nordelbische Evangelisch-Luthe-
rische Kirche hat ihn leider als Prüfer im I. Theologischen Examen nicht
zugelassen, was sich faktisch auch auf die Examina der Fakultät auswirkte.
Immerhin aber haben einige Doktoranden in Zusammenarbeit Pesch promoviert: der Kirchenhistoriker Prof. Markus Wriedt (Frankfurt/Milwau-
kee) und Propst Horst Gorski in Hamburg.

2. Die Praxis der Lehre: Aus den Kommentierten Vorlesungsverzeichnissen

Wie kommt man nun der Lehrpraxis von Otto Hermann Pesch auf die Spur,
wenn man nicht mit Mikro und Kamera dabei war? Wir haben unsere Recherchen auf das Studium der Vorlesungsverzeichnisse konzentriert, genauer: der Kommentierten Vorlesungsverzeichnisse (KVV), die es am
Hamburger Fachbereich seit den achtziger Jahren gab. Eine aufschlussrei-
che Lektüre! Das Studium des KVV offenbart eine Reihe für Otto Hermann
Pesch wesentlicher Merkmale.

(1) OHP treibt genuin katholische Theologie – in einer für evangelische
Theologiestudierende neuen und spannenden Weise.

Beispiel:

- *„Einführung in die katholische Theologie"* (eine dreistündige Vorlesung im WS 1981/82)

In der Ankündigung hieß es: „Lernziel/Inhalt: Die Vorlesung soll über
Probleme gegenwärtiger katholischer Theologie informieren und zum Nutzen für gegenwärtige und spätere interkonfessionelle Gespräche in eine
teilweise fremde Welt einführen – jedenfalls für evangelische Theologie-
studenten unter Hamburger Verhältnissen. – In einer kurzen Einleitungs-
phase werden die Ausgangspositionen (und Blockaden) katholischer Theologie in diesem Jahrhundert beleuchtet. Danach wird an den wichtigsten
Ansätzen gegenwärtiger katholischer Theologie (Schwerpunkt: deutsch-
sprachige Systematiker) gezeigt, wie man von diesen Ausgangspositionen

aus weiterzukommen suchte, in Treue zur kirchlichen Tradition einerseits und zugleich in Redlichkeit gegenüber den Fragen der eigenen Zeit…"

Weitere Beispiele waren:

- „Katholische Marienfrömmigkeit und Mariologie im Kontext heutiger feministischer Theologie" (Seminar WS 1981/82).

Zur Erläuterung: „Die katholische Mariologie ist durchschnittlich für evangelische Theologen kein Thema, es sei denn als Beleg dafür, dass das kontroverstheologische Gespräch im Grunde sinnlos ist. Andererseits kommen vor allem aus der sog. „feministischen Theologie" der letzten Jahre Anfrage an die Mariologie, die die Erwartung erkennen lassen, es könnten sich in der Mariologie vergessene Wahrheiten verbergen, die schleunigst wiederzuentdecken … seien."

Außerdem:

- „Luthers Theologie aus katholischer Sicht" (Vorlesung SS 82)

- „Einführung in die Theologie des Thomas von Aquin" (Vorlesung WS 82/83)

- „Das Zweite Vatikanische Konzil (1962–1965). Vorgeschichte – Verlauf – Ergebnisse – Nachgeschichte" (Vorlesung für Hörer aller Fachbereiche, WS 1990/91)

Dazu der Kommentar: „Der Schwerpunkt liegt auf einer Interpretation der ‚Ergebnisse', das heißt: der Konstitutionen, Dekrete und Erklärungen des Konzils unter den drei Aspekten ihrer innerkirchlichen, kontroverstheologischen und politischen Bedeutung. … Unter der Überschrift ‚Nachgeschichte' soll eine nüchterne Bilanz der fortschreitenden innerkirchlichen Abkehr vom Konzil und des Widerstandes gegen sie versucht werden."

(2) Otto Hermann Pesch behandelt in Vorlesungen und Seminaren die klassischen dogmatischen (und einige ethische) „Traktate". Und zwar so, wie er sie dann auch in seinen Büchern abhandelt. Auf diese Weise lässt sich nachvollziehen, dass die Bücher wesentlich aus den Vorlesungen entstehen: Das gleiche Vorgehen, die gleichen Schritte.

Beispiel:

- „Christologie in systematischer und kontroverstheologischer Perspektive (Dogmatik III)" [Vorlesung SS 84]

„Lernziel/Inhalt: Die Vorlesung wird die *Frage* nach Jesus Christus im Kontext der Gottesfrage entwickeln und die *Antwort* im Spannungsfeld zwischen biblischem Zeugnis, kirchlicher Lehrtradition (altkirchliche Bekenntnisse, reformatorische Bekenntnisschriften) und den vielgestaltigen modernen christologischen Entwürfen versuchen. Kontroverstheologische

Probleme werden dabei im Dienst vertiefter systematischer Reflexion ein-bezogen."

Man vergleiche als Ergänzung das Systematische Seminar:
- „Grundfragen der Christologie in der evangelischen und katholischen Theologie der Gegenwart" (SS 1990).

Die Einladung zu diesem Seminar wird mit der besonderen Pointe ver-sehen: Die Teilnehmenden werden zur Mitarbeit in einer Art dogmatischen „participatio actuosa", nach dem Motto der drei Musketiere verlockt: „Das Seminar soll in Gemeinschaftsarbeit – ein(e)r für alle und alle für eine(n) – einen Durchblick durch die christologischen Entwürfe … versuchen, die die leitenden Fragen herausarbeiten, die heute das Nachdenken über Jesus Christus kennzeichnen. Die Methode wird die des ‚Literatur-Seminars' sein, bei dem durch Exzerpte/ Referate/ Buchbesprechungen so etwas wie ein gemeinsamer Forschungsbericht entstehen soll, ohne dass das Gespräch über die Sachfragen darunter leidet, im Gegenteil." (War das vorwegneh-mend eine Wikipedia-Vision kollektiver moderner Dogmatik?) „Das Se-minar soll u.a. die StudentInnen dazu einladen, bei der Revision der Chris-tologievorlesung mitzuwirken, die ich im SW 90/91 wieder zu halten habe." Klingt attraktiv. Wie mag das Ergebnis gewesen sein?

(3) OHP treibt die ihm aufgetragene „Kontroverstheologie" dezidiert als „Dialogtheologie" in ökumenischer Absicht.
Beispiel:
- „Die gegenseitigen Verwerfungen des 16. Jahrhunderts und die öku-menische Situation der Gegenwart" (Seminar SS 1987)

Das Seminar beinhaltet u.a. die Analyse des Gutachtens des „Jae-ger/Stählin-Kreises" im Auftrag der Deutschen Bischofskonferenz und des Rates der EKD: „Lehrverurteilungen – kirchentrennend?" hg. von Karl Lehmann und Wolfhart Pannenberg, Band I „Rechtfertigung, Sakramente und Amt im Zeitalter der Reformation und heute" (1986) – Arbeitsziel: „Lektüre – Untersuchung – Würdigung".

Dass Hermann Pesch durchgängig dialogorientierte Theologie treibt und in diesem Sinn Kontroverstheologie versteht, geht aus allen seinen Lehrveranstaltungen hervor. Das könnten weitere Beispiele und Zitate be-legen.

Erstaunlich war für uns bei der Durchsicht des KVV, dass er nur selten gemeinsame Lehrveranstaltungen mit Kollegen aus dem Fachbereich durchgeführt hat. Kaum interdisziplinäre oder intradisziplinäre Seminare.

Die charakteristische Ausnahme bildete ein gemeinsames Kirchenge-schichtliches Oberseminar mit Professor Bernhard Lohse: *„Probleme der Lutherforschung"* im WS 1983/84, also nach dem Lutherjahr 1983. Gibt es dafür Erklärungen? Der Grund kann nicht in einem Desinteresse an Koope-ration und Dialog bestehen. Wurde seine Bereitschaft zum Dialog nicht in gleicher Weise erwidert? Oder lag es an Peschs Vorliebe, Dialoge gern als „Literaturdialoge" zu praktizieren (vgl. die umfangreichen Literaturlisten der Seminare)? Was die Zumutung an begleitender Lektüre betrifft, waren seine Lehrveranstaltungen durchweg höchst anspruchsvoll.

Er hat viel verlangt an Einsatz und Mitarbeit! Die Studierenden sollten bei ihm was lernen – und haben was gelernt. In dieser Beziehung war Otto Hermann Pesch ein Mann der alten Schule. Zitat: „Das Ziel des Seminars schließt eine bloß zuhörende Teilnahme aus." Ja: „Da eine beträchtliche Zahl an Literaturtitel durchzuarbeiten ist, wir aber andererseits bald mitten ins Thema kommen müssen, ist dringend zu empfehlen, bereits *vor* Semes-terbeginn einen der unten angeführten Titel zur Bearbeitung zu überneh-men und dies mit mir in der Sprechstunde zu verabreden." Wir konnten keine Recherchen anstellen, wie weit dieses Programm dann auch in die Praxis umgesetzt wurde, wie viele Kommilitonen und Kommilitoninnen davon angezogen (und wie viele davon eher abgeschreckt) wurden. Zu ver-muten ist allerdings, dass die rheinische Frohnatur Otto Hermann Pesch in manchem dann doch nicht ganz so streng war, wie die Ankündigungen er-warten (oder befürchten) ließen. Doch das müsste der Meister selbst beant-worten!

Eine letzte Beobachtung bestätigt die dialogische Einstellung noch ein-mal in anderer Hinsicht, nämlich bei der Auswahl der Themen. So hieß es in der Ankündigung einer Vorlesung zum Thema:

- „Die Kirche – systematisch-theologisch und kontroverstheologisch" (im SS 1991)

Es gehe darum, eine „Schneise" „durch den riesenhaft angewachsenen Stoff der Ekklesiologie" zu schlagen. Das Kriterium für die Stoffauswahl lautete interessanterweise: „Was kommt in den Gemeinden und im Religi-onsunterricht vor, und was kann man rechtens als Antwort aus dem Grund-wissen der Pastorin/des Pastors, der Religionslehrerin/des Religionslehrers erwarten?" Hier zeigt sich ein praxisnahes, adressatenbezogenes Verständ-nis von Theologie. Und das finden wir als Praktische Theologen überra-schend und sehr sympathisch!

Fazit: Sollte irgendwo der Verdacht aufgekommen sein, Otto Hermann Pesch sei als katholischer Theologe im evangelischen Hamburg längst protestantisch geworden, so wird das durch den Blick auf seine Lehrankündigungen und Veranstaltungstitel eindeutig widerlegt! Und es zeigt sich, wie nötig eine solche Professur war, wie wichtig und hilfreich sie auch gegenwärtig wäre! Eigentlich sollte eine solche Professur der „Normalfall" sein und nicht eine Ausnahme, ein norddeutscher „Sonderfall", wie es dann unter dem Druck der Sparmaßnahmen faktisch gewesen ist. In jeder Hinsicht aber war es ein „Glücksfall"!

3. Kulinarisches Intermezzo: Ein kommunikativer Glücksfall - Otto Hermann Pesch als Freund, Musicus und Koch

Die Talente dieses Theologen entfalteten sich nicht nur in seinen bekannten Rollen als akademischer Lehrer und weit über die akademische Zunft hinaus bekannter Autor. Seine Texte sind im Aufbau „deutsch", also immer klar und systematisch aufgebaut und „angelsächsisch", manchmal auch „amerikanisch" im Stil: Selten ein Vortrag, der nicht auch heitere, humorvolle Anspielungen enthält. Klarheit und Sprachwitz sind für Pesch keine Alternative. Die systematisch klare Argumentation wirkt aber nie pathetisch, sondern leicht und manchmal sogar *etwas kölsch*. Schließlich war Otto Herman Pesch ursprünglich in Köln zu Hause.

Verborgener als diese Seite seines Wirkens sind seine Begabungen als Musiker und Koch, als Komponist und Organist, kurz als Freund und Ratgeber auf vielen Ebenen.

Diese, eher der Privatsphäre zugehörigen Talente, durften wir, der Neutestamentler Ulrich Wilckens, der zuvor an der Kirchlichen Hochschule Berlin lehrte und dann einem Ruf an die Universität Hamburg folgte und ich, Wolfgang Grünberg, viele Jahre lang erfahren. Ich kam 1978 – zuvor Pfarrer in einer Großsiedlung in Berlin – Spandau an die theologische Fakultät in Hamburg. Wir drei haben jahrelang gemeinsam musiziert: Hermann Pesch am Flügel, Ulrich Wilckens mit seiner Geige und ich am Cello. Wir übten und spielten naturgemäß vor allem Klaviertrios. Beim Musizieren zählen nicht akademische Meriten oder Fächer. Hier gilt die Achtung vor den Komponisten und ihren Kompositionen. Es geht um *Werkgerechtigkeit, um das Hören aufeinander, um den richtigen Rhythmus und die angemessene Lautstärke, um Fehlerminimierung und Ahnung der Intentionen des Komponisten durch leidenschaftliches Spiel*. Gleichwohl stellt sich schnell eine Rangordnung ein. Nicht wir Streicher spielten mit ihm am Flügel, sondern Otto Hermann Pesch spielte mit uns! Denn nur einer hatte die Partitur vor sich: der Mann am Klavier, bzw. am Flügel.

Frag- und Klaglos nahmen wir so auch mal kurze, aber gewürzte Anweisungen entgegen: „Jetzt aber piano!" Oder: „Wolfgang: Zählen!" All diese Hinweise waren immer berechtigt und erhöhten Niveau und Klangerlebnis.

Unser Maistro am Flügel – das erfuhren wir erst später - war im Übrigen nicht nur Pianist. Otto Hermann Pesch war und ist auch ein Komponist! Sein Bratschenkonzert (1953) und manch andere Kompositionen harren noch der Uraufführung. Vor dem Abitur, so erfuhren wir vom Pianisten, hatte er lange geschwankt zwischen dem Studium der Musik und dem der Katholischen Theologie. Während des Theologiestudiums hatte er dann intensiv Unterricht im Orgelspiel bei Otto Dunkelberg, dem ehemaligen Domorganisten von Passau, den es nach 1945 nach Köln verschlagen hatte. Von dem Ergebnis profitierten und profitieren bis heute die Gemeinden, in denen er lebte und lebt: In der Hamburger Zeit St.Marien in Hamburg-Altona und heute St.Thomas in München-Oberföhring. In beiden Gemeinden waren bzw. sind die die Pfarrer und Organisten sehr erfreut über die jederzeitige Orgelvertretung, wenn der Kirchenmusiker Urlaub hat oder krank ist oder sich an Festtagen besser um den Chor kümmern kann.

Der Systematiker als Musiker – eine wunderbare Ergänzung, die beiden Bereichen zugutekam! Kein Trio-Abend ohne sich daran anschließendem Schmaus, bei gutem Wein, versteht sich. Das war dann die Stunde der nie vorhersehbaren wunderbaren Gespräche über Gott und die Welt, über Rom und Wittenberg, über die Ökumene und das Zweite Vatikanische Konzil, über den Dreiklang unserer Fächer als Kern der Theologie usw.

Es blieb aber nicht aus, dass auch Kochrezepte zum Thema wurden. Da wurde plötzlich erkennbar, dass Otto Hermann Pesch auch eine strenge, eine orthodoxe Seite hat. So hörten wir, dass er als leidenschaftlicher Koch nie zusammen mit seiner Frau am Herd stehen konnte – zu unterschiedlich waren die Arbeitsstile. Sie einigten sich nach dem Modell des Augsburger Religionsfriedens von 1555: *Wessen die Gäste, dessen die Küche.* Das hieß: Kamen Gäste aus Otto Hermanns Umfeld, dann war er der Koch und Hedwig zuständig für die ‚niederen Dienste', wie Petersilie schneiden etc. Kamen Hedwigs Freundinnen und Freunde, dann war es um gekehrt.

Dürfte man als Freund der Familie Pesch mit Frau Hedwig und Tochter Anja, der damaligen Schülerin und Geigerin, deren Künste uns manchmal vor dem Triospiel zu Ohren kamen, aus dem Nähkästchen plaudern, dann wäre vielleicht Folgendes erwähnenswert: Hedwig Pesch, Germanistin und Malerin, arbeitete auch in der Küche künstlerisch. Ein schöpferischer Prozess ist im Ergebnis nie klar vorhersehbar. So waren Überraschungen gewollt und eingeplant. Ganz anders Otto Hermann, der Systematiker, auch als Koch. Seine Methode am Herd umfasste stets sechs Schritte: 1. Definition des Gerichts. 2. Entscheidung über den angemessenen Wein und dessen Temperatur. 3. Zusammentragen aller Zutaten. 4. Analyse des Verfahrens und Errechnung des Zeitplans unter Mithilfe eines Weckers. 5. Kontrolle des Prozesses und 6. „objektive" Benotung des Ergebnisses.

Diese „Strenge" zeitigte immer gelungene Gerichte und zufriedene Gäste. Danach nahm das Symposion zu theologischen und politischen Fragen der Zeit seinen abendlichen Lauf.

4. Epilog: „Es streit für uns der rechte Mann" – Der wortmächtige Kämpfer für die „Theologie am Tor zur Welt" – Otto Hermann Pesch als Martin Luther auf dem Gänsemarkt

Am 4. Juli 1999 fand auf dem Hamburger Gänsemarkt eine denkwürdige Veranstaltung statt. Der Hintergrund sei kurz erläutert. Damals war der Fachbereich Evangelische Theologie schwer in Bedrängnis. Uns wurde das Existenzrecht an der Universität bestritten – durch allerlei externe Gutachten und durch den Willen der politischen Instanzen, die vorhatten, ihre rigiden Sparbeschlüsse für die Hochschulen auch auf Kosten der Theologie durchzusetzen. Die Studierenden hatten daraufhin die wunderbare Idee, sich dagegen u.a. mit Hilfe einer öffentlichen Protestveranstaltung im Zentrum der Stadt zu wehren. So gab es Anfang Juli auf dem Gänsemarkt eine Versammlung (sinnigerweise im Schatten des dortigen Lessing-Denkmals – woran am Ende eine kleine Andacht erinnerte!). Es gab verschiedene studentische Beiträge, ein bisschen Kabarett, eine Rede des Fachbereichssprechers Prof. Hermann Spieckermann, ein unterstützendes Votum der Vizepräsidentin Prof. Babara Vogel – und als Höhepunkt einen Auftritt von Martin Luther, der als Interviewpartner zu einigen wichtigen Fragen, welche die Verantwortung des Senats für die öffentliche Bildung betrafen, Stellung nahm – niemand anderes als Otto Hermann Pesch im Talar des Hochschullehrers mit Barett!

Wir zitieren aus „Martin Luthers" Rede:
Interviewer (stud. theol. Krischan Heinemann):

„Doktor Martinus, weshalb seid Ihr zu dieser Veranstaltung gekommen?"

Luther:

„Zum ersten. Ich habe meine himmlische Heimstatt verlassen, weil ich möchte zusehen, wie es meiner einstmals vielgeliebten großen Kaufmannsstadt Hamburg ergehe, in welcher einstmals mein hochwürdiger Bruder und Pfarrherr Johannes Bugenhagen, der Doctor Pommeranus genannt, das Kirchenwesen gemäß des Evangelii reformiert hat, auf dass das Wort Gottes mächtig gehe unter den hochwohllöblichen Kaufleuten, Seefahrern und Handwerksmeistern. Zum zweiten will ich zusehen, ob die Leute in der edlen Kaufmannsstadt auch der Hohen Schulen gebührliche achten. Alldieweil Kaufhandel ohne Wucher ist ein löblich Werk vor unsrem lieben Herrn Gott. Doch ohne Schule und Studieren ist's alles nichts."

Interviewer:

„Dr. Martinus, wie seid Ihr ein Theologe geworden?"

Luther:

„Ei, da will ich ganz nach der Wahrheit antworten: nächst Gottes Gnade und Vorsehung durch eitel Studieren in meiner Stube zu Erfurt und hernach auf dem Turm zu Wittenberg – wie Ihr Studiosi von Euren hochgelehrten Lehrern und – ei, das freut mich heute sonderlich vor allem – von Eurer hochgelehrten Lehrerin der Historie der Kirchen [Prof. Inge Mager!] wohl wisst. Und soll sich keiner vornehmen, die Menschen zu lehren und zu führen, er habe denn Jahr um Jahr fleißig über den Büchern gesessen und gebrütet. Ohn solch Studieren hätt ich nicht werden mögen ein Theologus und wäre auch gewesen verloren, da ich zu fechten hatte wider Papst, Fürsten, Magistrat und gar kaiserliche Majestät."

Interviewer:

„Was sagt Ihr, Dr. Martinus, zu unserer heutigen lieben Not mit der Bildung?"

Luther:

„Wie Ihr wisst, habe ich anno 1520 den Fürsten die Gewissen unterrichtet, dass sie müssen Schulen bauen, auf dass auch der gemeine Mann möchte klug werden können. Dabei hat Gott der Herr im heimlichen Ratschluss seiner Majestät meinen Verstand verblendet und mein Herz verstockt, dass ich nur des gemeinen Mannes gedachte und der gemeinen Frau, der anderen edleren Hälfte der Christenheit und der ganzen Menschheit vergaß. Aber nun haben mir's Gott der Herrn und die lieben heiligen Frauen bei ihm, sonderlich meine Herrin Käthe von Bora und meine liebe Skribentin Katharina Zell vergeben. So sage ich: Darin ahmt mich nicht nach. Heutigen Tages müssen alle klug werden – so wie ich wiederum schon damals gesagt habe, dass auch die Mannsbilder sollten die Windeln ihrer Kinder waschen um des Glaubens willen!

Nun wollen wir zu den Schulen zurückkehren. Zu meiner Zeit galt es Latein- und Griechisch-Schulen, damit die jungen Schüler möchten lernen, das Wort Gottes und die heiligen Väter zu verstehen, wie s aufgeschrieben ist und nicht, wie es steht in einigen Büchern schlecht verdolmetscht. In Eurer Zeit aber ist, Gott sei es geklagt, ein Christenmensch ein solcher seltener Vogel wie eine gute Obrigkeit. Doch ob Christenmensch oder Widersacher, alle fragen einträchtiglich, was ein Mensch sei, woher des Weges er komme und wohin er gehe. Das ist gewisslich ein articulus für die Hohen Schulen. Da lasset die Geister aufeinander platzen und treffen, dass die Wahrheit ans Licht komme."

Interviewer:

„Dr. Martinus, was ratet Ihr der Obrigkeit zu Hamburg und den ‚großen Hansen' (wie ihr sie nennt) im ehrwürdigen Senat und in der Bürgerversammlung?"

Luther:

„Zum ersten rate ich: Nehmt Euch zu Herzen, was ich gesagt habe über den weltlichen Stand. Ist er gleich weit weg von dem, was die Jünger des Papstes zu meiner Zeit den ‚geistlichen Stand' nannten, so ist doch der rechte ‚geistliche' Stand, Gottes Willen zu tun mit dem Handzeug, so Gott ihm gegeben hat, ob mit dem Federkiel oder mit dem Computator oder wie Ihr Euer neues Handzeug nennt.

Zum zweiten rate ich: Handelt nicht nach dem lästerlichen principium ‚Geld regiert die Welt'. Ist's doch in Wahrheit der altböse Feind, der die Welt regiert, wo allein das Geld die Welt regiert. Denn woran du Dein Herz hängst, das ist Dein Gott. Und wenn das Geld die Welt regiert, so hast Du Dein Herz an einen Abgott gehängt, und regiert nicht der wahre Gott die Welt.

Zum dritten rate ich, dass Ihr der Armen und Schwachen nicht vergesst, wie unser Herr Jesus ein Exempel gegeben hat. Ein sparsamer Hausvater ist Gott ein Wohlgefallen, so auch eine sparsame Obrigkeit, die das Geld der Bürger nicht verschwendet. Doch spart nicht am falschen Ort! Der Geld-Gott vergisst der Armen gar gern. So habt Ihr ein Wahrzeichen einer guten Obrigkeit.

Zum vierten mahne ich: Heget und besorget fein der Fakultät der heiligen Theologie in Hamburgs Hohen Schulen. Sie ist eine feste Burg wider den Geld-Gott. Sie ist zudem, wie ich im Himmel habe gelernt, unter den

Hohen Schulen der Theologie in deutschen Landen die dritte an Größe und Zahl der Studiosi und Studiosae. Sie kommen gern gen Hamburg und legen Zeugnis ab, dass in Hamburg ist gut studieren die heilige Gelehrsamkeit, weil dort viele Menschen aus aller Herren Länder zusammenkommen und wird es eine feine Disputation zu Nutz und Frommen des öffentlichen Streits um den rechten Weg. Wollt Ihr des entraten, damit der Geld-Gott möge sein Wesen treiben ohne einige Hindernis? Das sei ferne, würde mein allerliebster St. Paulus sagen. Und also sag's auch ich."

Übrigens: Der himmlische Beistand hat geholfen! Das Wort war wirksam. Die Theologie in Hamburg ist – auch dank dieser Fürsprache – gerettet worden. Der Fachbereich blüht und gedeiht (wenn auch in etwas andere universitäre Strukturen eingebettet) und findet in der Universität Anerkennung.

Lieber Hermann! Du warst und bist ein „Glücksfall". Deshalb bringen wir Dir zum 80. Geburtstag im Namen des Fachbereichs, seines Sprechers, der Studierenden, des Lehrkörpers und aller Mitarbeiterinnen und Mitarbeiter die herzlichsten Grüße, Glück- und Segenswünsche!

Karl Kardinal Lehmann

Zur ökumenischen Verantwortung akademischer Theologie

Das Wort von der Ökumene und besonders der „ökumenischen Theologie" ist uns so geläufig, dass wir kaum mehr über den Ursprung und die geschichtliche Entfaltung von beidem nachdenken. Deshalb wollen wir wenigstens mit einem kleinen Überblick darüber beginnen.[1]

I.

Schon im fünften Jahrhundert vor Christus wurde das Wort „Ökumene" für die „bewohnte" Erde verwendet. Das griechische Alte Testament versteht das Wort oft noch ganz unpolitisch im Sinne von „Welt". Zur Zeit des Neuen Testaments war damit oft nur das Römische Reich gemeint (vgl. Lk 2,1: „In jenen Tagen erließ Kaiser Augustus den Befehl, alle Bewohner des Reiches in Steuerlisten einzutragen."). Im Neuen Testament können wir auch die schon erwähnte Bedeutung von „Erdkreis" feststellen. Die Erde ist so gleichsam das „Arbeitsfeld" der Kirche: „Aber dieses Evangelium vom Reich wird auf der ganzen Welt verkündet werden, damit alle Völker es hören; dann erst kommt das Ende." (Mt 24,14) Zugleich schwingt auch ein Hinweis mit auf die satanischen Mächte, die die Erde beherrschen wollen (vgl. Lk 4,5ff.).

Nach der Konstantinischen Wende kam der Begriff in den offiziellen kirchlichen Sprachgebrauch, als z.B. die Christenheit des römischen Reiches ihre ersten „ökumenischen" Konzilien hielt und deren „ökumenische" Beschlüsse allgemeine kirchliche Gültigkeit beanspruchten. Auch nach dem Zusammenbruch des byzantinischen Reiches blieb die kirchliche Bedeutung des Wortes bestehen: Die „Ökumene" war die universale Kirche; „ökumenische" Symbole hießen die Glaubensbekenntnisse der Alten Kirche; im 6. Jahrhundert legte sich das Patriarchat von Konstantinopel den Titel „ökumenisch" zu. Auch die Reformation bewahrte das Wort in diesem Sinne. So nennt sie die Bekenntnisse der alten Kirche „katholisch und ökumenisch" (Konkordienbuch 1580). Darüber hinaus bedeutet das Wort

---

[1] Für alle Stichworte verweise ich im Sinne einer Erstinformation auf Wolfgang Thönissen (Hg.), Lexikon der Ökumene und Konfessionskunde, Freiburg i. Br. 2007; Johann Ernesti/Wolfgang Thönissen (Hg.), Personenlexikon Ökumene, Freiburg i. Br. 2010. (beide Werke mit ausführlichen Literaturangaben)

ökumenisch über lange Zeit: allgemein christlich, universal, allgemein bindend.

Im 20. Jahrhundert erwähnt wohl als erster der schwedische Erzbischof N. Söderblom (1866–1930) den Begriff, um das Werk der Versöhnung und Einigung bisher getrennter Kirchen zu bezeichnen.[2] Dieser Sprachgebrauch setzte sich durch und führte zu seiner heutigen Anwendung in der „ökumenischen Bewegung". Aber schon im 19. Jahrhundert wurde das Wort evangelischerseits aufgegriffen und mit neuen Akzenten versehen, welche die herkömmlichen Grenzen von Nation, Konfession, Klasse usw. überwinden wollten. Der Ökumenische Rat der Kirchen erklärte 1951 (Rolle/Schweiz), dass der Ausdruck „ökumenisch" „dann sachgerecht verwendet wird, wenn er sich auf die gesamte Arbeit der gesamten Kirche in der Verkündigung des Evangeliums für die gesamte Welt bezieht".[3]

Wichtig ist ein Aufsatz von W. A. Visser´t Hooft,[4] erster langjähriger Generalsekretär des ÖRK, der einen siebenfachen Sinn von Ökumene aufzeigt: zur ganzen Erde gehörend; zum römischen Reich gehörend; zur Kirche gehörend; allgemeine kirchliche Gültigkeit besitzend; den weltweiten missionarischen Auftrag (Mission) betreffend; die Beziehung zwischen mehreren Kirchen oder zwischen Christen verschiedener Konfessionen bezeichnend; die geistige Haltung des Wissens und die Zugehörigkeit zur weltweiten christlichen Gemeinschaft der Kirchen und die Bereitschaft bedeutend, sich für die Einheit der Kirche Jesu Christi einzusetzen. Beim Zweiten Vatikanischen Konzil wird der Begriff Ökumenismus geläufig (UR 4; 31; LG 8). Evangelischerseits wird der Begriff „ökumenisch" schon längere Zeit auch dafür verwendet, wenn eine Kirche sich auch innerhalb ihrer Konfessionsfamilie auf die Gemeinschaft mit den Kirchen anderer Länder und Kontinente bezieht und das Engagement – vor allem etwas später – hauptsächlich den Frieden, die Gerechtigkeit und die Bewahrung der Schöpfung betrifft.

Der Begriff der Ökumene hat auch, ohne dass dies oft geklärt wird, einen doppelten Aspekt, nämlich eine von Gott gegebene Einheit der ver-

---

[2] Vgl. das Lebensbild Söderbloms mit wichtigen Zeugnissen von H. Brandt, in: Christian Möller u.a. (Hg.), Wegbereiter der Ökumene im 20. Jahrhundert, Göttingen 2005, 14–31.
[3] Lukas Vischer (Hg.), Zur Sendung der Kirche = Theologische Bücherei 18, München 1963, 301.
[4] Willem Adolf Visser't Hooft, Geschichte und Sinn des Wortes „ökumenisch", in: Ökumenischer Aufbruch. Hauptschriften II, Stuttgart 1967, 11–28.

schiedenen Konfessionen sowie Kirchen und Ökumene als Dienst der Kirche an der Welt bzw. ihre weltweite Sendung.[5] Mit dem Ausdruck „säkulare Ökumene" werden sowohl das umfassende Engagement der Kirchen in der säkularen Welt um Versöhnung und Humanisierung als auch das auf die Einheit der gesamten Menschheit gerichtete ökumenische Bemühen gekennzeichnet.

Der Begriff Ökumene hat sich so in vielen Bezeichnungen rasch durchgesetzt: Ökumenische Bewegung, Ökumenische Dialoge, Ökumenischer Rat der Kirchen, Ökumenisches Lernen und schließlich auch Ökumenische Theologie.

II.

So sehr uns heute auch der Begriff der Ökumenischen Theologie selbstverständlich geworden ist, so sehr bedarf seine vielfältige Bedeutung der Analyse und Reflexion. Die heutige Ökumenische Theologie hat sich geschichtlich nach mannigfaltigen Vorstufen ergeben. Dazu zählen besonders die älteren Disziplinen der „Kontroverstheologie" bzw. der „Polemik". Durch die Glaubensspaltung im Gefolge der Reformation entstand die Notwendigkeit, die konfessionellen Lehrdifferenzen zu bestimmen und zu begründen. Mit den genannten Bezeichnungen ist vor allem die spezifische Vorgehensweise zum Ausdruck gebracht, indem man eben Gegensätze zueinander in Beziehung setzt, die verschiedene Bedeutung in einer Konfession zu klären versucht, verbunden mit Widerlegung und Polemik. Dabei wurde oft Nebensächliches als Wesentliches angesehen, Wesentliches wurde dagegen übergangen, sodass Missverständnisse und Entstellungen sich leicht schon von der Methode her einstellten. Man geht von der Voraussetzung aus, dass das eigene Denken – ohne dies kritisch zu prüfen – immer richtig ist. Eigene Überzeugungen werden nicht zur Diskussion gestellt. Es gibt deshalb auch wenige Ansätze, um über das eigene Denken hinaus zu gelangen. Dies führte zwangsläufig zur beiderseitigen Verhärtung, zur Verengung und zur Vereinseitigung der Anschauungen.

Man darf aber hier nicht nur eine Einbahnstraße sehen. Der Polemik muss man auch immer Theologen an die Seite stellen, die sich leidenschaftlich um Versöhnung und Frieden zwischen den Kirchen bemüht haben. Sie werden gewöhnlich, obgleich sie recht verschiedenartig sind, unter dem

---

[5] Vgl. über die Weltkonferenz in Oxford 1937, bes. Wolfram Weisse, Praktisches Christentum und Reich Gottes. Die ökumenische Bewegung Life and Work 1919–1937 (Kirche und Konfession 31), Göttingen 1991, 475ff., 548ff.

Oberbegriff der Irenik zusammengefasst. Die damit gegebenen Unionsbe-
mühungen sind sehr oft am Bild der alten Kirche orientiert. Dazu zählen
Erasmus von Rotterdam, aber auch Melanchthon, Bucer, Calixt und Leib-
niz. Freilich wurden dabei nicht selten die dogmatischen Grundlagen der
einzelnen Kirchen unterschätzt, so etwa bei Erasmus von Rotterdam. Es
war immer wieder ein Irrtum in der ökumenischen Bewegung, die Reduk-
tion der dogmatischen Ansprüche der Kirchen würde gleichsam von selbst
zur Einheit führen. In diese Richtung gehören auch die mehr mystisch oder
spirituell orientierten Theologen, nicht zuletzt aus dem Pietismus, die
glaubten, eine radikale Spiritualisierung des Kirchenbegriffs schaffe Platz
für alle Konfessionen und auch zur Wiederherstellung der Einheit.

Die Symbolik stellt eine vorläufig letzte Stufe dar. J. A. Möhler stellte
in seiner 1832 erschienenen „Symbolik oder Darstellung der dogmatischen
Gegensätze der Katholiken und Protestanten" die Lehrunterschiede nach
den jeweiligen öffentlichen Bekenntnisschriften dar vor allem durch Erfas-
sung, Darstellung, Vergleich und Beurteilung der Lehre.[6] Man hat immer
wieder auch zwei verschiedene Typen von Symbolik unterschieden, nämlich eine rein komparative, die ausschließlich an einem Vergleich der Lehre
interessiert ist, vor allem aus überwiegend historischen Gründen, und eine
mehr normative Symbolik, die von den Grundlagen der eigenen Kirche aus
Kriterien zur Beurteilung der Lehre der anderen Kirche erarbeitet.

Eine Fortsetzung findet die Symbolik in der so genannten Konfessionskunde. Sie beschreibt, vergleicht und beurteilt die Konfessionen in historischer, systematischer, phänomenologischer, soziologischer Perspektive
und Methodik. Der Begriff erscheint m.E. zuerst 1892 in einem Lehrbuch
des protestantischen Theologen F. Kattenbusch. Katholischerseits vertrat
lange Zeit das Standardwerk „Konfessionskunde" von K. Algermissen die
neue Disziplin.[7] Man hat sie damals „Mikrokosmos der Theologie" genannt. Dies ergab natürlich sehr viele methodische Probleme, vor allem der

---

[6] „Möhlers Symbolik" wurde herausgegeben, eingeleitet und kommentiert von Josef Rupert
Geiselmann, Band 1, Köln 1960. Dazu Harald Wagner, Die eine Kirche und die vielen Kirchen, München 1977; ders., Johann Adam Möhler (1796–1838). Kirchenvater der Moderne,
Paderborn 1996; Josef Rupert Geiselmann, Die Einheit der Kirche und die Wiedervereinigung
der Konfessionen, Wien 1940; Paul-Werner Scheele, Johann Adam Möhler = Wegbereiter
heutiger Theologen, Graz 1969; ders., Einheit und Glaube, München 1964.
[7] Algermissens Standardwerk ging aus einer Beschreibung der Sekten hervor (1923) und
wurde vom Johann Adam-Möhler-Institut für Ökumenik herausgegeben. Die erste „Konfessionskunde" erschien 1930. Das große Werk, das unter Heinz Josef Algermissen sieben Auflagen erlebte (1957), wurde in achter Auflage (Paderborn 1969) durch eine Neubearbeitung
aus dem Möhler-Institut veröffentlicht (vgl. dort die Einführung von Eduard Stakemeier,
XIII–XXVIII).

geschichtliche, der fundamentaltheologische und der dogmatische Zusammenhang. Algermissen wies mit Recht auch auf die notwendigen persönlichen Kontakte und Erfahrungen mit den verschiedenen Konfessionen hin. Im Lauf der Jahre und Jahrzehnte erschienen viele Veröffentlichungen konfessionskundlicher Arbeiten. Sie verstehen Konfessionalität ganzheitlich und sehen darin einen Inbegriff von kirchlichem Leben, Verfassung, Liturgie, Ethos, Frömmigkeit, missionarischer Aktivität. Diese Form der Konfessionskunde hat ein doppeltes Gesicht. Sie ist einerseits als ökumenische Kirchenkunde eine eigene Disziplin, die in ihrer Bedeutung – gerade auch in der Ausbildung – nicht genug geschätzt werden kann. Sie ist aber heute oft in die ökumenische Theologie eingegliedert. Man wird jedoch zugleich sagen dürfen, dass gewiss ihre Methodik oft unklar bleibt, eine verlässliche ökumenische Realienkunde nach wie vor aber ein wichtiges Desiderat bleibt.[8]

Es bleibt der allgemeinere Begriff der Kontroverstheologie. Im breitesten Sinne meint er jede theologische Auseinandersetzung mit Andersgläubigen und innerkirchlichen Abweichlern über vermeintlich oder tatsächlich kirchentrennende Lehre und Lebenspraxis. Im engeren Sinne versteht man darunter die theologischen Kontroversen, die sich seit dem 16. Jahrhundert zwischen römisch-katholischer Kirche und protestantischen bzw. zwischen den protestantischen Konfessionen selbst entwickelten. Die Kontroverstheologie konzentriert sich auf die theologische Diskussion dessen, was die Kirchen trennt. Vielleicht liegt ihre Gefahr darin, dass sie die Differenzen zu isoliert in den Blick nimmt und sie nicht in einem gemeinsamen Horizont zu verstehen lehrt. Deshalb integriert die neuere Diskussion die Kontroverstheologie in den Kontext des ökumenischen Gesprächs. Hier geht es um die Aufarbeitung der konfessionell verschiedenen Sprach- und Denkformen sowie der Lehrdifferenzen. Damit taucht auch die Frage auf, wie weit ein Pluralismus als legitim erwiesen werden kann. Ob in diesem Horizont der Begriff Kontroverstheologie noch sinnvoll ist, kann bezweifelt werden; jedoch muss man sicher darauf aufmerksam bleiben, dass die Lehrgegensätze eine seriöse Aufarbeitung finden.[9]

---

[8] Vgl. Peter Meinhold, Ökumenische Kirchenkunde, Stuttgart 1962; Friedrich Heyer, Konfessionskunde, Berlin 1977; Erwin Fahlbusch, Kirchenkunde der Gegenwart, Stuttgart 1979; Johann Adam Möhler-Institut (Hg.), Kleine Konfessionskunde, 4. Aufl. 2005; Jörg Ernesti, Konfessionskunde kompakt, Freiburg i. Br. 2009; Reinhard Frieling u.a., Konfessionskunde, Stuttgart 1999; Peter Neuner, Kleines Handbuch der Ökumene, Düsseldorf 1984, 2. Aufl. 2002.
[9] Vgl. dazu auch R. Köster, Zur Theorie der Kontroverstheologie, in: Zeitschrift für katholische Theologie 88 (1966), 121–162; Michael Basse, Theologiegeschichtsschreibung und Kontroverstheologie, in: Zeitschrift für Kirchengeschichte 107 (1996), 50–71.

In der Abfolge dieser verschiedenen Konzeptionen ergab sich der Begriff der Ökumenischen Theologie. Er enthält manche Phasen und auch Fragmente der genannten Vorgeschichte, ohne dass allerdings eine ausreichende Verhältnisbestimmung erarbeitet worden wäre. Die „ökumenische Theologie"[10] setzt die Konfessionskunde voraus und – was freilich oft nicht beachtet wird – hat sich aus der Kontroverstheologie aufgrund der Ökumene im 20. Jahrhundert entwickelt und will der sichtbaren Einheit der Kirche dienen. Dabei ergibt sich die Frage, ob die ökumenische Theologie ein Teilgebiet der systematischen Theologie ist oder ob sie gar innerhalb der systematischen Theologie eine eigene Disziplin darstellt. In jedem Fall stellt sie eine grundlegende theologische Reflexion auf die Voraussetzungen, Prinzipien und Ziele der Ökumene dar und ist zugleich eine durchgängige Perspektive der verschiedenen theologischen Disziplinen. Deswegen hat die ökumenische Theologie Kontakte mit fast allen anderen theologischen Disziplinen, also der neueren Exegese, der Dogmen- und Theologiegeschichte und aller anderen theologischen Fächer. Neben klassischen Themen der Kontroverstheologie (Schrift und Tradition, Rechtfertigung, Amt, Sakramente, Autorität, Unfehlbarkeit u.a.) werden neue sozialethische und spirituelle Fragen behandelt. Vor allem geht es hier um die Zielvorstellungen der Einheit der Kirche: Wie kann die Spannung zwischen Einheit und Vielfalt der Kirchen strukturiert werden?[11]

Es ist sicher zunächst die Überzeugung notwendig, dass alle akademischen Disziplinen im Blick auf die ökumenische Herausforderung eine eigene Verantwortung haben. In der Exegese des Alten und des Neuen Testamentes sind die Kontakte und das gemeinsame Gespräch seit Jahrzehnten geradezu selbstverständlich. Neben einzelnen ökumenisch aufschlussreichen kirchengeschichtlichen Studien zu allen Epochen gibt es auch eine

---

[10] Dazu immer noch sehr ergiebig Peter Lengsfeld (Hg.), Ökumenische Theologie, Stuttgart 1980; Johannes Brosseder, Ökumenische Theologie. Geschichte – Probleme, München 1967; Fernando Enns u.a. (Hg.), Profilierte Ökumene. Festschrift für Dietrich Ritschl, Frankfurt 2009; Peter Neuner, Ökumenische Theologie, Darmstadt 1997; Reinhard Frieling, Der Weg des ökumenischen Gedankens, Göttingen 1992 u.ö.; Friederike Nüssel – Dorothea Sattler, Einführung in die ökumenische Theologie, Darmstadt 2008; Lothar Lies, Grundkurs ökumenische Theologie, Innsbruck 2005; Wolfgang Thönissen, Dogma und Symbol. Eine ökumenische Hermeneutik, Freiburg i. Br. 2008; Ulrich Kühn, Zum evangelisch-katholischen Dialog, Leipzig 2005.

[11] Jetzt ausführlich zu den Zielvorstellungen Jutta Koslowski, Die Einheit der Kirche in der ökumenischen Diskussion, Berlin 2008 (Lit.); Friedrich Wilhelm Kantzenbach, Einheitsbestrebungen im Wandel der Kirchengeschichte, Gütersloh 1979; Harding Meyer, Versöhnte Verschiedenheit. Aufsätze zur ökumenischen Theologie I–III, Frankfurt 1998–2009; ders., Ökumenische Zielvorstellungen, Göttingen 1996.

von evangelischen und katholischen Autoren verfasste dreibändige „Ökumenische Kirchengeschichte", hrsg. von B. Moeller.[12] Ich verzichte hier auf eine Darstellung der Kontakte und der Bedeutung einzelner Disziplinen für die ökumenische Aufgabe. Aber es finden sich in allen Disziplinen schon begangene oder unbegangene Brücken, die freilich aus sehr verschiedenen Gründen eine recht unterschiedliche Qualität haben. Ich denke an die Liturgie und die Pastoraltheologie, die Religionspädagogik/Katechetik und die Homiletik, die Theologie und Geschichte der Mission, die Sozialethik bzw. Soziallehre der Kirchen, die Ethik und Moraltheologie, das Kirchenrecht, die Archäologie bzw. Kunstgeschichte, Fundamentaltheologie und Religionswissenschaft, religiöse Volkskunde, die Kirchengeschichte und die Patrologie. Es wäre reizvoll, für jede Disziplin einige Beispiele zu nennen und anschaulich zu machen, in denen sich die Fruchtbarkeit der ökumenischen Fragestellung in den einzelnen theologischen Disziplinen ergibt.

Eine eigene Zuspitzung ergab sich auch durch die ökumenischen Gespräche, in denen die einzelnen Fragestellungen, Perspektiven und Erfahrungen miteinander konfrontiert worden sind. Dabei ist es ein Unterschied, ob dies bilateral oder multilateral geschieht. Die methodischen Anforderungen sind jedenfalls sehr verschieden.

III.

Die ökumenische Theologie unserer Tage stellt insofern, gerade nach dem Zweiten Vatikanischen Konzil, eine neue Aufgabe dar, weil sie vor allem auch zur Überwindung der Lehrdifferenzen angesetzt wird. Dabei gibt es schon im Ansatz wichtige Fragestellungen: Welche Lehrunterschiede zwischen den Kirchen haben eine wirklich kirchentrennende Bedeutung und welche sind lediglich legitimer Ausdruck einer verschiedenen Pluralität und Verschiedenheit. Dafür ist es notwendig zu untersuchen, wie diese Lehrunterschiede genauer zu verstehen sind. Dies ist nicht nur eine historische Aufgabe. Gerade die im Jahr 1980 nach dem Besuch von Papst Johannes Paul II. in Angriff genommene Aufgabe, ob die Lehrunterschiede des 16. Jahrhunderts den heutigen Partner noch treffen, zeigt neue methodische Schritte und Zugänge, die freilich auch ihre Grenzen haben.[13]

---

[12] Darmstadt 2006. Dabei gibt es eine erste Veröffentlichung unter demselben Titel, die von 1970 an erschienen ist, Mainz und München, hrsg. von Raymund Kottje und Bernd Moeller. Kritisch dazu: Lukas Vischer, Gottes Bund gemeinsam bezeugen, Göttingen 1992, 157–177.
[13] Vgl. Karl Lehmann – Wolfhart Pannenberg (Hg.), Lehrverurteilungen – kirchentrennend?, Band I, Freiburg i. Br. 1986, 9–33; Band II, Freiburg i. Br. 1989, 17–157 (vgl. die Beiträge

Bei aller Betonung der Kooperation der theologischen Disziplinen miteinander und der Schaffung eigener Institute und Institutionen bleibt aber die schöpferische Arbeit einzelner Theologen in der ökumenischen Theologie ganz wichtig. Dabei spielen auch Auseinandersetzungen mit einzelnen theologischen Entwürfen eine große Rolle. Ich denke hier z.b. an die bahnbrechende Arbeit von Hans Urs von Balthasar über Karl Barth,[14] aber auch an das Buch von Hans Küng über Barths Rechtfertigungslehre.[15] Dass dies nicht nur eine Möglichkeit gegenwärtiger Theologie ist, hat Otto Hermann Pesch im Jahr 1967 in seiner vergleichenden Darstellung der Rechtfertigungslehre von Thomas von Aquin und Martin Luther gezeigt, dass nämlich die thomanische Gnadenlehre und die lutherische Rechtfertigungslehre keinen unüberbrückbaren Gegensatz darstellen.[16] Große Theologen haben im Übrigen, auch wenn sie keine „Ökumeniker" sind, bahnbrechende Auswirkungen auf die ökumenische Theologie, wie ich selbst am Beispiel K. Rahners und H. U. von Balthasars gezeigt habe.[17]

Diese und andere Arbeiten zeigen, wie wichtig eine Reflexion ist auf die Aufgabe, die Verstehens-bedingungen, die Methodik und die Ziele, die im ökumenischen Gespräch leitend sind. Bei jeder ökumenischen Begegnung stoßen unterschiedliche Voraussetzungen aufeinander. Sie werden in den gemeinsamen Aussagen auch miteinander vermittelt. Besonders der Rezeptionsprozess der 1982 in Lima verabschiedeten multilateralen Konvergenzerklärungen „Taufe, Eucharistie und Amt"[18] hat geradezu bestür-

---

vor allem von W. Pannenberg, K. Lehmann, R. Schaeffler, G. Wenz, H.-H. Eßer, E. Iserloh); dazu Tim Lindfeld, Einheit in der Wahrheit. Konfessionelle Denkformen und die Suche nach ökumenischer Hermeneutik, Paderborn 2008, 156–198.

[14] Hans Urs von Balthasar, Karl Barth. Darstellung und Deutung seiner Theologie, Freiburg 1976.

[15] Hans Küng, Rechtfertigung. Die Lehre Karl Barths und eine katholische Besinnung. Mit einem Geleitbrief Karl Barths, Einsiedeln 1957.

[16] Otto Hermann Pesch, Theologie der Rechtfertigung bei Martin Luther und Thomas von Aquin: Versuch eines systematisch-theologischen Dialogs, Mainz 1967, Darmstadt 1985 (unveränd. Nachdruck).

[17] Vgl. Karl Rahner – Ein Pionier der katholischen Ökumene, in: Christian Möller u.a. (Hg.), Wegbereiter der Ökumene im 20. Jahrhundert, 272–293; Hans Urs von Balthasar und die Ökumene, in: Walter Kasper (Hg.), Logik der Liebe und Herrlichkeit Gottes. Hans Urs von Balthasar im Gespräch. Festgabe für Karl Kardinal Lehmann zum 70. Geburtstag, Ostfildern 2006, 434–449.

[18] Kommission für Glauben und Kirchenverfassung des ÖRK, Taufe, Eucharistie und Amt, Konvergenzerklärungen (Lima-Dokument), in: Dokumente wachsender Übereinstimmung. Sämtliche Berichte und Konsenstexte interkonfessioneller Gespräche auf Weltebene 1931–1982 (Band I), hrsg. von Harding Meyer – Hans Jörg Urban – Lukas Vischer, Paderborn/Frankfurt 1983, 545–585; Max Thurian (Hg.), Churches Respond to BEM, 6 Bd., (Faith

zend gezeigt, wie verschieden die Kirchen dieses Dokument von ihren unterschiedlichen Verstehensvoraussetzungen her aufgenommen und beurteilt haben. Im Ökumenischen Rat der Kirchen hat man in diesem Zusammenhang die Dringlichkeit entdeckt, gemeinsam über Hermeneutik nachzudenken.[19] Der ökumenischen Hermeneutik geht es dabei speziell um die Frage, „wie Texte, Symbole und Bräuche in den verschiedenen Kirchen interpretiert, weitergegeben und gegenseitig übernommen werden, wenn die Kirchen miteinander in Dialog treten".[20] Das Studiendokument ist der Überzeugung, dass es in diesem Kontext eine „Hermeneutik der Kohärenz" gibt, die die Möglichkeit vorbereitet, gemeinsames Bekennen und Beten miteinander zu vollziehen und die wesentliche Einheit des christlichen Glaubens und der christlichen Gemeinschaft auszudrücken.

Besonders die schon genannte Lima-Erklärung hat ein beachtliches Maß an Übereinstimmung in den Fragen zwischen allen in „Glauben und Kirchenverfassung" des ÖRK vertretenen kirchlichen Haupttraditionen ergeben. Im Rezeptionsprozess wurde deshalb vor allem die Notwendigkeit weiterer ekklesiologischer Studien betont. Die Lima-Erklärung hat wohl bisher den größten Rezeptionsprozess aufzuweisen und ist seither wichtiger Ausgangspunkt und Orientierungsgröße für viele ökumenische Dialoge. Im Grunde ist sie auch die Frucht ungefähr 50-jähriger Überlegungen in der ökumenischen Bewegung. Nun ist gerade an diesem Dokument bemerkenswert, dass es einen hohen Grad an Übereinstimmung aufzeigen konnte, jedoch kein voller Konsens in einzelnen Problemstellungen erzielt worden ist. Man unterscheidet seither deutlicher zwischen einem Konsens und so genannten Konvergenzen. Konvergenzen zeigen an, dass die Kirchen trotz unterschiedlicher theologischer Ausdrucksformen in ihrem Verständnis des Glaubens vieles gemeinsam haben; sie bekunden eine wachsende Annäherung. Es sind gleichsam sich annähernde Ziele, während es freilich auch Divergenzen gibt, die auseinanderstrebende Tendenzen bedeuten.

---

and Order aper, Nr. 144), Genf 1982–1988; Die Diskussion über Taufe, Eucharistie und Amt 1982–1990. Stellungnahmen, Auswirkung, Weiterarbeit, Frankfurt 1990. Für weitere Kreise William H. Lazareth, Zusammenwachsen in Taufe, Eucharistie und Amt, Frankfurt 1983; Gerhard Voss (Hg.), Wachsende Übereinstimmung in Taufe, Eucharistie und Amt, Freising 1984; Franz Lülf, Die Lima-Erklärung über Eucharistie und Amt und deren Rezeption durch die evangelischen Landeskirchen in Deutschland, Altenberge 1993.

[19] Vgl. Dagmar Heller (Hg.), „Ein Schatz in zerbrechlichen Gefäßen." Eine Anleitung zu ökumenischem Nachdenken über Hermeneutik. Studiendokument von Glauben und Kirchenverfassung, Frankfurt 1999.

[20] Ebd., Nr. 12.

IV.

Aus der Erfahrung des Konsultations- und des Rezeptionsprozesses mit der Lima-Erklärung ist dann auch schließlich die Methode des „differenzierten Konsenses" entstanden. Dies bedeutet zunächst, dass der gemeinsame Grundkonsens so stark ist, dass er differierende theologische Ausprägungen dieses gemeinsamen Glaubens zu tragen vermag. Damit ist im Zentrum der bisherigen Kontroverse ein wichtiger Schritt zur Einheit der Kirchen hin gemacht, aber es müssen die in Erscheinung tretenden Konvergenzen zu einem Konsens hin gefestigt und die Divergenzen abgebaut werden, um dem Ziel der sichtbaren kirchlichen Einheit näher zu kommen. Im Laufe der letzten 30 Jahre nach der Lima-Erklärung ist diese Methode in vieler Hinsicht weiter angewendet worden und hat sich wohl durch eine Fülle bilateraler Gespräche bewährt.[21] Sie ist heute wohl das zentrale Instrument einer konkreten ökumenischen Hermeneutik mit dem Ziel der Verständigung.

Man muss dabei auf den Begriff Konsens achten. Damit ist nicht so sehr die Zustimmung zu einem bereits vorfindlichen Konzept gegeben, vielmehr wird eine „Übereinkunft" gesucht zwischen Dialogpartnern mit unterschiedlichen Konzepten.[22] Natürlich zielt eine solche „Übereinkunft" auch auf „Zustimmung" zu gemeinsamen Grundlagen. Diese „Übereinkunft" im Sinne Newmans[23] wird als wichtiger Schritt zur vollen Gemeinschaft der Kirchen gesehen. Eine Zeitlang hat man versucht, die „Konvergenz"[24] als eine Vorform von Konsens zu unterscheiden, sofern dieser

---

[21] Vgl. außer der schon genannten Literatur zusammenfassend vor allem Johannes Oeldemann, Einheit der Christen – Wunsch oder Wirklichkeit?, Regensburg 2009; Jörg Ernesti, Konfessionskunde kompakt; Ulrich Kühn, Zum evangelisch-katholischen Dialog; Friederike Nüssel – Dorothea Sattler, Einführung in die ökumenische Theologie; Michael Kappes u.a., Trennung überwinden. Ökumene als Aufgabe der Theologie, Freiburg i. Br. 2007; Bernd Jochen Hilberath, Jetzt ist die Zeit. Ungeduldige ökumenische Zwischenrufe, Ostfildern 2010; André Birmelé, Le salut en Jésus Christ dans les dialogues oecuméniques, Paris 1986; Gerhard Ludwig Müller, Einheit in der Wahrheit, Freiburg i. Br. 2011, 99ff., 105–135.

[22] Dazu Wolfgang Beinert, Möglichkeit und Umfang ökumenischer Konsense, in: Grundkonsens – Grunddifferenz, hrsg. von André Birmelé – Harding Meyer, Frankfurt 1992; ders., Der ökumenische Dialog als Einübung in die Klärung theologischer Differenzen, in: Handbuch der Ökumenik, hrsg. von Hans Jörg Urban – Harald Wagner, Bd. 3/1, Paderborn 1987, 60–125; vgl. auch Karl Lehmann, Zuversicht aus dem Glauben, Freiburg i. Br. 2006, 201–219.

[23] Zu diesem Grundbegriff Newmans vgl. Albert Borgmann, Übereinkunft und Auseinandersetzung, Diss. phil. Ludwig-Maximilans-Universität München, Freiburg i. Br. 1964, 82ff., 90ff., 120ff., 149ff., 162ff.

[24] Man hat bisher zu wenig beachtet, dass die Konvergenzargumentation grundgelegt wurde von John Henry Kardinal Newman, vgl. Entwurf einer Zustimmungslehre = Ausgewählte Werke VII, Mainz 1961; dazu auch Johannes Artz, Newman-Lexikon, Mainz 1975, 601f. (Konvergenz).

(noch) nicht zum Ziel gekommen ist. In der Zwischenzeit ist jedoch deutlicher geworden, dass es eine differenzierte Fassung des Konsenses gibt. Damit ist nicht in jedem Fall eine volle Uniformität der Aussagen gemeint. Es gibt in Texten das gemeinsam Erkannte und auch das gemeinsam Sagbare, aber auch bleibende Unterschiede. Deswegen spricht man z. B. von einem partikularen Konsens im Unterschied zu einem Totalkonsens. Die bleibenden Unterschiede haben dabei eine vielfache Bedeutung: sie schließen z. B. einander nicht aus, sondern können füreinander offen sein. Man hat in diesem Zusammenhang von „Öffnungsklauseln" gesprochen (L. Ullrich), womit bestimmte Unterschiede wechselweise als tolerierbar gelten. Man unterscheidet diese Differenzen, die eine weitere Einigung nahe legen, von kirchentrennenden Unterschieden.

In diesem Zusammenhang ist dann auch die Redeweise von einem „Grundkonsens" entstanden. Damit ist nicht primär eine vollidentische Aussage gemeint, sondern er kann auch dort gegeben sein, wo eine Übereinstimmung mit bleibenden Unterschieden der jeweiligen kirchlichen Tradition einhergeht.[25] Zum Begriff dieses Konsenses gehört auch die Übereinstimmung, dass die bleibenden Differenzen nicht nur legitim, sondern auch bedeutungsvoll sind und darum die wirkliche Übereinstimmung im Prinzipiellen nicht mehr in Frage stellen. Soweit ich sehe, hat H. Meyer bereits im Jahr 1992 die Formulierung geprägt, es handele sich bei diesem Grundkonsens um einen „in sich differenzierten Konsens".[26]

Ein „differenzierter Konsens" kann auch darin bestehen, dass verschiedene Gesamtkonzepte, die sich in einzelnen Formulierungen andeuten, miteinander verbunden werden können. Es gibt dann so etwas wie eine Komplementarität. So hat auch das Ökumenismusdekret des Zweiten Vatikanischen Konzils im Blick auf die im Orient und im Westen unterschiedlich ausgeprägte Methodik der theologischen Erkenntnis eine Komplementarität zwischen verschiedenartigen theologischen Formen festgestellt, die sich mehr ergänzen als gegensätzlich zueinander verhalten (vgl. UR 17). „Danach lassen sich die von den verschiedenen Traditionen ausgehenden besonderen sprachlichen Ausgestaltungen, theologischen Schwerpunktsetzungen im Lichte einer im ökumenischen Dialog neu errungenen Grundüberzeugung von der Einheit im Glauben als einander komplementäre Denkformen oder Denkfiguren verstehen, die sich nicht mehr prinzipiell

---

[25] Vgl. Harding Meyer, Grundkonsens und Kirchengemeinschaft, in: Grundkonsens – Grunddifferenz, 11–15. Vgl. auch seine schon genannten übrigen Studien, in: Versöhnte Verschiedenheit I–III.
[26] Ebd., 43.

aussondern, sondern einander einschließen. Insoweit bezieht sich der ökumenisch verwendete Komplementaritätsbegriff auf die Vorstellung eines in Zukunft noch näher zu kennzeichnenden differenzierten Konsenses. So stellt der Komplementaritätsbegriff in der ökumenischen Theologie einen beachtlichen Fortschritt und Meilenstein in der Ausformulierung einer ökumenischen Hermeneutik dar."[27] Der differenzierte Konsens ermöglicht sich durch viele Faktoren: es geht um den Rückbezug zur Heiligen Schrift, auf die maßgeblichen altkirchlichen Bekenntnisse, aber auch durch die gemeinsamen Arbeiten an der Formulierung eines differenzierten Konsenses. „In praktischen Begegnungen und gemeinsamen geistlichen Vollzügen wurde die Christlichkeit des je Anderen erfahren und dadurch jenes jahrhundertealte Misstrauen abgebaut, das einen wirklichen Dialog bis in die Mitte des 20. Jahrhunderts erschwerte. Zu solchen Erfahrungen gehörte naturgemäß auch die Gemeinschaft, wie sie in den verschiedenen theologischen Dialogen selbst zwischen den Teilnehmern erlebt wurde."[28] Es ist gerade unter denen, die praktisch mit der Methode des differenzierten Kurses gearbeitet und ihn entwickelt haben, eine unleugbare Voraussetzung, dass diese Methode „ihre außertheologischen Voraussetzungen in der Erfahrung geistlicher Gemeinschaft hat"[29] und eben „gelebte und erfahrene Gemeinschaft" voraussetzt, wie H. Meyer formuliert.[30]

Es ist nicht zu verkennen, dass, worauf besonders Ulrich Kühn mit Recht verweist,[31] der differenzierte Konsens letztlich nur möglich ist, wenn man die Einheit sucht, die uns im Evangelium und in der gesamten Tendenz der theologischen Traditionen gegeben ist, und die eben zwischen den Konfessionen umstritten blieb. Die evangelische Seite beruft sich dabei auf die Confessio Augustana, Art. V und VII. Ein solcher Lehrkonsens ist Bedingung für die wahre Einheit der Kirche.[32]

V.

In letzter Zeit ist die Methode des „differenzierten Konsenses" sehr oft pauschal negativ mit dem Stichwort „Konsens-Ökumene" gekennzeichnet und

---

[27] Wolfgang Thönissen, Komplementarität, in: Lexikon der Ökumene und Konfessionskunde, 694–696, Zitat: 695f.; dort auch weiterführende Literatur; ders., Dogma und Symbol, 239ff.
[28] Kühn, Zum evangelisch-katholischen Dialog, 25.
[29] Ebd., 25.
[30] Meyer, Grundkonsens – Grunddifferenz, 15.
[31] Kühn, Zum evangelisch-katholischen Dialog, 20ff.
[32] Näheres dazu ebd., 20f., dazu auch Lehmann – Pannenberg, Lehrverurteilungen – kirchentrennend? I, 23f., 25ff.

kritisiert worden. Man hat vor allem eingewandt, dass diese Konsens-Ökumene die sperrigen Tatbestände, die lehr- und lebensmäßig die Kirchen bisher trennten, simplifizieren würde. Die unterschiedlichen Gesamtkonzeptionen des Christlichen hinter den kontroversen Einzelfragen seien eben nicht vereinbar. Wenn ich recht sehe, dann hat R. Slenczka bei der Verabschiedung des Textes über „Lehrverurteilungen – kirchentrennend?" (1985) von einer solchen Argumentation Gebrauch gemacht.[33] Später ist dann umfassender von Ulrich H. J. Körtner[34] dieser Einwand formuliert worden. Man hat eine „Hermeneutik des Verdachts", der notwendig sei, gegen eine „Hermeneutik des Vertrauens" gesetzt. So müsse man gegenüber festgestellten lehrmäßigen Gemeinsamkeiten eher ein grundsätzliches Misstrauen haben. Diese Kritik äußert sich zurzeit in vieler Hinsicht, wird aber meist wenig begründet. Es ist eher ein diffuses Vorurteil gegenüber einer allgemein angezweifelten „Konsens-Ökumene".

Dies ist nicht so weit entfernt von der früheren Diskussion über einen „ökumenischen Grunddissens", besonders zwischen der reformatorischen und der katholischen Kirche.[35] Man hat diese Grunddifferenz verschieden formuliert, z. B. in der Bestimmung des Verhältnisses von Göttlichem und Menschlichem im Heilsgeschehen, im Verständnis der Offenbarung, der Christologie, der Soteriologie und der Kirche. Letztlich sei aber die Grunddifferenz weitgehend begründet in unterschiedlichen Denkformen, kulturellen Begebenheiten, historischen Situationen und auch Spiritualitäten, hier gehe es nicht um Wahrheit oder Unwahrheit, sondern weitgehend um eine legitime Pluralität, die ihren Ausdruck findet. Diese Tendenz kann so weit gehen, dass man für die Ökumene nur eine konstruktive Toleranz und wechselseitigen Respekt als Ziel anpeilt, wobei ein ausdrücklicher Gegensatz zu einer auf Konsens gegründeten sichtbaren Einheit der Kirche aufgestellt wird.[36]

---

[33] Vgl. ebd., 171; ders., Die Einheit der Kirche und die Wahrheit der Reformation, in: Kerygma und Dogma, 48 (2002), 172–195.

[34] Ulrich H. J. Körtner, Wohin steuert die Ökumene? Vom Konsens- zum Differenzmodell, Göttingen 2005.

[35] Diese Thematik ist schon früher aufgetaucht, und zwar besonders in den ersten ökumenischen Studien von Gerhard Ebeling, Wort Gottes und Tradition, Göttingen 1964. Zur späteren Diskussion vgl. die schon genannte Studie von André Birmelé – Harding Meyer, Grundkonsens – Grunddifferenz, Frankfurt 1992; Fundamental Differences – Fundamental Consensus. The Impact of Bilateral Dialogues On The Ecumenical Movement, in: Mid-Stream, An Ecumenical Journal, 35 (1986), 247–337 (Sonderdruck); Wolfgang Beinert, Konfessionelle Grunddifferenz, in: Catholica 34 (1980), 36–71.

[36] Vgl. z. B. Ulrich H. J. Körtner, Wohin steuert die Ökumene? Vom Konsens- zum Differenzmodell, 13ff. (vgl. ebd. die zahlreichen Veröffentlichungen von Körtner zu diesem Thema: 254–256); in knapper Form: Von der Konsensökumene zur Differenzökumene. Krise

Nun soll nicht geleugnet werden, dass man gelegentlich mit dem Instrument des „differenzierten Konsenses" eben auch oberflächlich und leichtfertig umgegangen ist. Der Hinweis auf verschiedene Denkformen und Sprachspiele hat die inhaltliche Argumentation oft ersetzt. Aber dies lässt sich ja durch theologische Diskussion und Argumentation erhellen und aufzeigen. Zugleich muss man aber immer wieder auch feststellen, dass die prinzipielle Kritik am „differenzierten Konsens" sehr oft von Theologen kommt, die selbst wenig an der Erarbeitung der Konsens- und Konvergenzdokumente teilgenommen haben. „Hier liegt das Hauptproblem der Konsens- und Konvergenzdokumente: Sie sind Ergebnistexte einer ökumenischen Konsensbildung, die anderen schwer zu vermitteln ist, die nicht an dieser Konsensbildung teilgenommen haben."[37] Oder mit den Worten von U. Kühn: „Man kann immer wieder beobachten, dass viele Kritiker der so genannten Konsensökumene jene Lebenserfahrung eines gemeinsamen Fragens und Ringens um die Wahrheit nicht gemacht haben."[38] Gewiss darf „differenzierter Konsens" kein diskriminierendes Schlagwort werden, das den wirklichen Schwierigkeiten aus dem Weg geht, aber zweifellos ist hier wirklich eine Grundfrage an den Tag gekommen, die im Blick auf eine vertiefte ökumenische Hermeneutik noch besser reflektiert werden muss. Die Unsicherheiten und die Stagnation wegen dieser ungelösten hermeneutischen Fragen haben auch eine wirksame Rezeption des am 31. Oktober 1999 in Augsburg gemeinsam verabschiedeten Textes „Gemeinsame Erklärung zur Rechtfertigungslehre" behindert.[39]

Die verbindliche Unterzeichnung der Augsburger Erklärung hat jedoch im Lauf der folgenden Jahre auch zu einer neuen Schwierigkeit geführt. Es ist im Zusammenhang der ökumenischen Gespräche in dieser Vereinbarung wirklich eine neue Dimension sichtbar geworden.[40] Im Zentrum der inneren und äußeren Genese der Reformation ist hier ein Einvernehmen gefunden worden, dass nämlich trotz verbleibender Unterschiede im Ein-

---

und Verheißung der ökumenischen Bewegung an der Schwelle zum Dritten Jahrtausend, in: Kerygma und Dogma 47 (2001), 290–307, bes. 305. Zum Thema vgl. Harald Wagner (Hg.), Einheit – aber wie? Zur Tragfähigkeit der ökumenischen Formel vom „differenzierten Konsens" = QD 184, Freiburg i. Br. 2000; Wolfgang Thönissen, Dogma und Symbol, 245ff.

[37] Ullrich, Konsens- und Konvergenzdokumente, in: Lexikon der Ökumene und Konfessionskunde, 710.

[38] Kühn, Zum evangelisch-katholischen Dialog, 25, Anm. 50.

[39] Vgl. als Beleg dazu Karl Lehmann, Die Gemeinsame Erklärung als Meilenstein und Aufbruchsignal. Festvortrag zu zehn Jahre „Gemeinsame Erklärung zur Rechtfertigungslehre" am 31. Oktober 2009 in Augsburg; vgl. auch Tim Lindfeld, Einheit in der Wahrheit, 199–243.

[40] Vgl. dazu Lehmann, Zuversicht aus dem Glauben, 289–312.

zelnen die gemeinsamen Grundwahrheiten des Rechtfertigungsverständnisses durch keine kirchentrennenden Hindernisse gesprengt werden. Dies ist ein Mark- und Meilenstein in der ökumenischen Gesprächsserie. Die Diskussion darüber und auch die bleibende Ablehnung nicht weniger evangelischer Theologen bis heute zeigen aber deutlich, wie manches noch tiefer geklärt und fortgeführt werden muss. Dies gilt z. B. für die Formel „Gerecht und Sünder" zugleich.[41] Für die Themen „Heilsgewissheit" sowie „Kirche und Rechtfertigung"[42] sind solche fortführenden Nacharbeiten weiterhin sehr wichtig.

Ich sehe gewisse Probleme im Zusammenhang der Identität und des eigenen Profils, das jede Kirche hat. Wenn in der ökumenischen Arbeit und auf dem Weg zur Einheit der Kirche immer mehr Gemeinsames erkennbar und gewonnen wird, wird auch stärker – solange die Kirchen getrennt sind – die Frage auftauchen, ob denn das eigene Profil nach innen und nach außen genügend gewahrt und wahrnehmbar bleibt. Dies ist eine legitime Frage. Man muss zweifellos auch darauf aufmerksam bleiben, dass die notwendige Gemeinsamkeit nicht wie ein kleinster gemeinsamer Nenner erscheinen darf, der am Ende alle ärmer macht, weil er die jeweiligen Reichtümer der einen oder anderen Kirche in den Hintergrund drängt. Solange keine wirkliche Einheit gefunden ist, lässt sich wohl auch irgendeine Form von Konkurrenz zwischen den Kirchen nicht vermeiden. Es kann auch durchaus unter den Kirchen eine Art des friedlichen Wettbewerbs geben, wenn dies dem Wachsen des Christlichen in unseren Kirchen und in unserer Gesellschaft dient.[43]

Aber es ist auch hermeneutisch, zumal in einer Mediengesellschaft, nicht so leicht, das gemeinsam Erworbene festzuhalten und die eigene Identität zu profilieren. Dies geht erfahrungsgemäß nicht selten auf Kosten der Gemeinsamkeit. Die Identitätssuche geht dann leicht im Stil der Abgrenzung gegenüber anderen Partnern vor sich und ist immer auch in Gefahr, zu einer gewissen Überhöhung der eigenen Reichtümer und Schätze zu werden. Wie man das Gemeinsame bewahrt und zugleich das unverwechselbar Eigene hervorheben und gar steigern kann, ist doch recht schwierig. Und wenn dies im Stil von Wettbewerb und Konkurrenz – dazu

---

[41] Vgl. Theodor Schneider – Gunther Wenz (Hg.), Gerecht und Sünder zugleich? = Dialog der Kirche 11, Freiburg i. Br. 2001, vgl. dazu den Abschlussbericht: 400–446.

[42] Dazu Rechtfertigung und Kirche, in: Wilfried Härle – Peter Neuner (Hg.), Im Licht der Gnade Gottes. Zur Gegenwartsbedeutung der Rechtfertigungsbotschaft = Studien zur systematischen Theologie und Ethik 42, Münster 2004, 201–225.

[43] Vgl. Wolfgang Huber, Im Geist der Freiheit. Für eine Ökumene der Profile, Freiburg i. Br. 2007.

noch in unserer Mediengesellschaft – geschieht, dann braucht man eine differenzierte und sensible Spiritualität und Hermeneutik ökumenischer Beziehungen, damit es nicht zu problematischen Formen kommt, z. B. des Verdrängens des anderen und der Selbstüberschätzung.

Ich möchte nicht missverstanden werden: Jedes institutionelle Gebilde braucht Identität und muss sie bezeugen, entfalten und verteidigen. Dies gilt erst recht im Glauben. Aber es kommt darauf an, wie man dies tut. Gerade unter dieser Perspektive scheint es mir ein dringendes Gebot zu sein, die Methode des „differenzierten Konsenses" nicht preiszugeben. Es ist ja im Übrigen keine Theorie, die erfunden worden ist, sondern sie entstammt der konkreten ökumenischen Arbeit. Dies schließt zweifellos nicht aus, dass sie als Methode überprüft werden muss, aber man darf auch die positiven Erfahrungen im theologischen Umgang miteinander nicht willkürlich preisgeben. Ich habe Bedenken, ob diese Überlegungen bei dem Programm „Ökumene der Profile" genügend vor Augen standen.[44]

Diese Sorge wird auch noch durch die Beobachtung verstärkt, dass nicht wenige ökumenische Erkenntnisse und Einsichten der früheren Jahre und Jahrzehnte heute vielfach nicht mehr gegenwärtig sind. Viele Ergebnisse wurden verkürzt veröffentlicht, manchmal auch an entlegener Stelle. Man hat sich auch oft später zur Veröffentlichung entschlossen. Ein starker Wechsel der Generationen von Theologen, die damals die Texte erarbeiteten, zu den heutigen Vertretern hat einen gewissen Bruch eingeleitet. Die jüngeren Generationen wollen auch verständlicherweise nicht immer wieder hingewiesen werden auf das, was schon erarbeitet worden ist und was sie vielleicht auch anders angehen möchten. Insofern ist die Idee, ursprünglich von H. Meyer artikuliert, richtig, dass wir nämlich eine so genannte In Via-Erklärung brauchen, die in einer Art von Zwischenbilanz die bisherigen Ergebnisse sammelt und festhält.[45] Von katholischer Seite ist vor allem auch der Päpstliche Rat für die Förderung der Einheit der Christen diesem Anliegen nachgegangen. Kardinal Walter Kasper hat eine erste Zusammenfassung dafür als erste Frucht vorgelegt.[46] Eine solche erneuerte Wiederaneignung der bisherigen Ergebnisse ist für die Zukunft der Ökumene von

[44] Vgl. Karl Lehmann, Was bedeutet Ökumene der Profile?, in: epd-Dokumentation Nr. 24/2006, v. 13. Juni 2006, Frankfurt a. M., 11–16, vgl. auch dasselbe in erweiterter Fassung: Kein Anlass zur Verwerfung. Studien zur Hermeneutik des ökumenischen Gesprächs. Festschrift für Otto Hermann Pesch, hrsg. von Johannes Brosseder, Frankfurt 2006.

[45] Meyer, Versöhnte Verschiedenheit. Aufsätze zur ökumenischen Theologie III, 132f., 145f.

[46] Walter Kasper, Die Früchte ernten. Grundlagen christlichen Glaubens im ökumenischen Dialog, Paderborn 2011.

großer Wichtigkeit. Die heute oft feststellbare Kurzlebigkeit auch des wissenschaftlichen Betriebs darf die ökumenischen Fortschritte, die solche sind und solche bleiben, nicht vergessen lassen.

VI.

Mit dieser Situationserfassung hängt eng zusammen, dass ich oft das Gefühl habe, wir verharrten zwar nicht in einer „Eiszeit", aber spirituell in einer ökumenischen Immobilität. Dies ist nochmals etwas anderes als „Stillstand". Gerade der geistliche Ökumenismus, etwa der Gruppe von Dombes und von Taizé, erinnert uns immer daran, dass wir auf dem Weg der Ökumene im biblischen Sinn des Wortes „umkehren" müssen und wirklich auch nach vorne hin je auf unsere Weise und gemeinsam spirituell wachsen. Dies kann und wird gewöhnlich in kleinen Schritten geschehen. Wir haben aber nach meiner Einschätzung eine abnehmende Veränderungsbereitschaft, wenn es um dieses gemeinsame Wachsen in der Ökumene geht. Man fordert immer stärker eine wechselseitige Anerkennung, die eine sofortige Beendigung aller Trennungen verlangt. Es ist eine gewisse spirituelle Weigerung nach der Devise: „Du musst mich so annehmen, wie ich eben bin." Das ist gewiss wichtig für die Ausgangssituation, wo nur Gleiche mit Gleichen, die sich auch so anerkennen, miteinander in einen Dialog kommen können. Aber dann ist auch klar, dass man auf diesem Weg und in diesem Prozess durch den Anderen und mit ihm lernen kann und muss. Mit dem Theologieverlust und dem Schwächerwerden der ökumenischen Impulse gibt es auch eine abnehmende Veränderungsbereitschaft. Dies ist aber für alle Seiten eine Glaubensschwäche. Ich habe immer auch dafür plädiert, dass wir an der Stärke des Anderen wachsen und reifen können und sollen.

Wenn diese Feststellungen stimmen, geben sie zu denken. Dann müssen wir uns fragen, ob wir auch von Amts wegen eine genügende ökumenische Dynamik schaffen oder zulassen, damit die Suche nach mehr Einheit lebendig bleibt. Vielleicht finden die immer wiederholten Vorwürfe, die Ökumene leide am meisten unter den untätigen Kirchenleitungen, hier ein Körnchen Wahrheit. Wenn die Spannung überdehnt oder auch gar nicht genützt wird, verläuft sie im Flachen. Im Übrigen gibt es auch einen Kairos der ökumenischen Arbeit. Es ist nicht sicher, dass einmalige Situationen, wie sie uns geschenkt worden sind und werden, jederzeit wieder herbeigerufen werden können. Wir haben in unserer Zeit vermutlich einen einmaligen Auftrag.

Auch wenn man diese momentanen Probleme aufrichtig beim Namen nennen muss, so darf dies keine ökumenische Missstimmung hervorrufen oder, wenn sie schon da ist, legitimieren. Wir werden auch diese Probleme Schritt für Schritt abzubauen versuchen und ehrlich, auch wenn es länger dauert, einer Lösung entgegenführen. Es gibt keine Alternative vor allem zu dem Gebot des Herrn, dass wir mit allen Kräften Trennungen, wo es notwendig und möglich ist, überwinden und die zerbrochene Einheit wieder suchen und finden.

Vielleicht darf man hier bei aller grundsätzlich positiven Beurteilung des „differenzierten Konsenses" auch eine Gefahr nicht verkennen, dass man sich nämlich in einer am Ende unfruchtbaren Weise auf isolierte Detail-Themen eines Dissenses[47] konzentriert. Vielleicht war dies für einige Zeit notwendig und fruchtbar. Aber man darf die ganz grundlegende Herausforderung getrennter Kirchen und der fehlenden Einheit nicht aus dem Auge verlieren. Man kann sich auch in der Ökumene so in abseitige Einzelheiten verirren, dass man vor lauter Bäumen den Wald nicht mehr sieht. Auch droht die Gefahr, dass man bei schwindenden oder geringer werdenden Differenzen einzelne bleibende Unterschiede, die zum Teil wirklich geringfügig sind, immer größer aufbläst. Dies erzeugt dann einen falschen Gesamteindruck. In diesem Sinne muss man auch sehr viel stärker in Rechnung stellen, in was für einer geistig-gesellschaftlichen Situation das Christentum und die Kirchen überhaupt sind.

Ich bin überzeugt, dass Papst Benedikt XVI. bei seinem Besuch in Deutschland, besonders in seiner Ansprache im Kapitelsaal des Augustinerklosters in Erfurt am 23. September 2011 bei der Begegnung mit Vertretern des Rates der Evangelischen Kirche in Deutschland, einige wichtige Hinweise gab. Wer freilich nur fixiert war auf bestimmte Forderungen und Erwartungen an den Papst, hat diese Passagen seiner Rede möglicherweise zu wenig beachtet. Der Papst hat darauf hingewiesen, „dass Christus die Mitte unserer Spiritualität (ist) und dass die Liebe zu ihm, das Mitleben mit ihm unser Leben bestimmt. Nun werden Sie vielleicht sagen, schön und gut, aber was hat dies alles mit unserer ökumenischen Situation zu tun? Ist dies alles vielleicht nur ein Versuch, sich an den drängenden Problemen vorbeizureden, in denen wir auf praktische Fortschritte, auf konkrete Ergebnisse warten? Ich antworte darauf: Das Notwendigste für die Ökumene

---

[47] Vgl. dazu auch: Dissensus. Überlegungen zu einem neueren dogmenhermeneutischen Grundbegriff, in: Eberhard Schockenhoff – Peter Walter (Hgg.): Dogma und Glaube. Bausteine für eine theologische Erkenntnislehre. Festschrift für Bischof Walter Kasper, Mainz 1993, 69–87.

ist zunächst einmal, dass wir nicht unter dem Säkularisierungsdruck die großen Gemeinsamkeiten fast unvermerkt verlieren, die uns überhaupt zu Christen machen und die uns als Gabe und Auftrag geblieben sind. Es war der Fehler des konfessionellen Zeitalters, dass wir weithin nur das Trennende gesehen und gar nicht existenziell wahrgenommen haben, was uns mit den großen Vorgaben der Heiligen Schrift, der altchristlichen Bekenntnisse gemeinsam ist. Es ist der große ökumenische Fortschritt der letzten Jahrzehnte, dass uns diese Gemeinsamkeit bewusst geworden ist und dass wir sie im gemeinsamen Beten und Singen, im gemeinsamen Eintreten für das christliche Ethos der Welt gegenüber, im gemeinsamen Zeugnis für den Gott Jesu Christi in dieser Welt als unsere unverlierbare Grundlage erkennen."[48] Man könnte diese Texte aus den Deutschlandreden des Papstes vermehren.

Ich habe die feste Überzeugung, dass wir damit eine wichtige Vorgabe für die Zukunft des ökumenischen Gesprächs erhalten haben und beobachten sollten.

VII.

Durch diese Tagung ehren wir Prof. Dr. Dr. h.c. Otto Hermann Pesch, der am 8. Oktober 1931 in Köln geboren wurde, also im Herbst 2011 80 Jahre alt geworden ist. Wir möchte ihm durch diese Überlegungen speziell zu seinem Werk, aber auch zu unserer ökumenischen Situation einen herzlichen Dank sagen für seinen Beitrag zur Theologie insgesamt, aber auch zur ökumenischen Theologie im Besonderen.

Ich möchte dies auch persönlich tun. Wir kennen uns aus der gemeinsamen Münchener Zeit um die Mitte der 60er Jahre, als Otto Hermann Pesch seine große vergleichende Arbeit über die Rechtfertigungslehre bei Thomas und Luther schrieb. Ich war Assistent bei Karl Rahner. Unser gemeinsamer Lehrer war Heinrich Fries, der vor 100 Jahren geboren ist. Wir blieben auch später in beständiger Verbindung, als Otto Hermann Pesch nach Hamburg zog und ich in Mainz und Freiburg i. Br. lehrte. Neben den vielen kleinen Begegnungen und Treffen kam es dann zur Mitarbeit von Otto Hermann Pesch im Ökumenischen Arbeitskreis evangelischer und katholischer Theologen. Bei der Aufarbeitung der Frage, ob die Lehrverurteilungen des 16. Jahrhunderts den heutigen Partner noch treffen, hat er zwischen Erwin Iserloh und Bernhard Lohse sehr geholfen, einen Mittelweg zu finden, der schließlich auch eine große Bedeutung hatte bei der späteren

---

[48] Reden des Papstes während des Deutschlandbesuches, Presseamt des Hl. Stuhls, Nr. 6, 1f.

Formulierung der öfter genannten Augsburger Erklärung zu den Grundwahrheiten im Rechtfertigungsverständnis vom 31. Oktober 1999.

Ohne alle großen Werke aufzuzählen, die wir kennen, möchte ich deshalb Otto Hermann Pesch für seine theologische Arbeit insgesamt ein herz-
liches Vergelt´s Gott sagen: für die neue Erschließung des Denkens des hl.
Thomas von Aquin, für eine neue Hinführung zu Luther, für seine Theologische Anthropologie, für die Einführung in das Zweite Vatikanische Konzil und ganz besonders für den Höhepunkt seines gesamten Schaffens,
nämlich die Katholische Dogmatik aus ökumenischer Erfahrung, die im
Matthias-Grünewald-Verlag mit einem Gesamtumfang von über 2800 Seiten von 2008 bis 2010 in zwei großen Bänden erschien. Es ist ein großes
Lebenswerk und die Ernte eines bald 50 Jahre währenden ökumenischen
Dialogs.

Danken möchte ich Otto Hermann Pesch auch für den Titel dieses großen Werkes. Trotz der vielen ökumenischen Kontakte und Begegnungen
hat Otto Hermann Pesch mit Bedacht keine „Ökumenische Dogmatik" geschrieben. Obwohl er das gleichnamige Werk von Edmund Schlink[49] nicht
genug rühmen möchte, blieb er dabei, „eine katholische Dogmatik zu
schreiben, aber aus der ökumenischen Erfahrung der Hamburger Jahre ...
Ich habe versucht so zu schreiben, dass evangelische Leserinnen und Leser
besser verstehen, was Katholiken theologisch und geistlich umtreibt, und
katholische Leserinnen und Leser möglichst gründlich von den immer noch
laufenden Klischee-Urteilen über das, was evangelische Lehre sei, bewahrt
bleiben."[50]

Eine besondere hervorzuhebende Eigenschaft O. H. Peschs ist auch sein
literarischer Stil, der von Anfang an durch Bodenhaftung, aber eben auch
durch geradezu pastorale Nähe zu seinen Lesern geprägt ist. Er will sie mit-
nehmen und leidenschaftlich teilnehmen lassen an seinem Weg. Zugleich
will er kräftige Nahrung verabreichen. Seine Theologie hat dadurch nicht
an Verständlichkeit und Klarheit verloren. Mit O. H. Pesch Theologie zu
treiben, machte und macht deshalb viel Freude und nicht selten auch
Spaß.[51]

---

[49] Edmund Schlink, Ökumenische Dogmatik, 3. Aufl. = Schriften zu Ökumene und Bekenntnis 2, Göttingen 2005 (erstmals 1983), vgl. auch die Vorworte von Wolfhart Pannenberg, Edmund Schlink, Heinrich Fries und Nikos A. Nissiotis und das Nachwort von Michael Plathow.
[50] Otto H. Pesch, Katholische Dogmatik aus ökumenischer Erfahrung 1/1, XXVf.
[51] Ebd., XXVI.

Ich möchte Ihnen, verehrter Herr Professor und lieber Freund Otto Hermann Pesch, dafür herzlich danken und Ihnen für die kommenden Jahre Gottes reichen Segen wünschen, gewiss noch verbunden mit vielen reifen Früchten aus Ihrer Werkstatt.

Thomas Eggensperger OP

Gesetz und Vernunft
Otto Hermann Pesch zum Lex-Traktat des Thomas von Aquin

Es ist immer ein recht delikates Unterfangen, sich bei der Betrachtung eines systematischen Quellenwerks nicht so sehr auf die Quelle und auf den Autor zu beziehen, sondern auf den Kommentator eben desselben Werks. Das Risiko ist wohlbekannt – vor lauter Sekundärliteratur verliert man die Quelle aus den Augen und die Aussage des Kommentators wird verwechselt mit der des Autors.

Gerade in der Thomas-Forschung stellt dieser Spannungsbogen zwischen Urheber und Interpret eine durchaus realistische Problematik dar. Aus vielerlei Gründen hoben sich in der Forschungsgeschichte die Deutungen vom ursprünglichen Inhalt ab und was am Ende als Inhalt präsentiert wird, ist eigentlich nicht mehr als nur eine mehr oder weniger gelungene Deutung desselben. Bei Thomas von Aquin finden sich als klassische Beispiele die Kommentarwerke des Dominikaners Tomás de Vio, des späteren Kardinals Cajetan, der unter anderem zentrale Stellen der Summa theologiae des Aquinaten mehrere hundert Jahre nach dem Ableben des Autors aufgegriffen und seiner Zeit angemessen interpretiert hat. Die Vertreter der sogenannten Neuscholastik haben sich ebenfalls daran gemacht, den heiligen Thomas zu kommentieren, zum Teil hat man sie mit dem Titel „Thomisten" belehnt, wenn man den Eindruck hatte, dass sie authentische (und zuweilen unnachgiebige) Interpretationen veröffentlicht haben und dies unter Hintanstellung einer zeitgemäßen Deutung, da sie eine solche aufgrund ihrer vorgeblich geschichtlichen Begrenztheit eher als verderbt denn als sinnvoll empfanden...

1. Zur Hermeneutik

„Alles ist Interpretation!" – Mit diesem Schlagwort haben uns vor allem die Hermeneutiker Gadamer und seine Eleven den eben genannten Spannungsbogen zwischen Autor und Leser charakterisiert. Ohne an dieser Stelle auf klassische hermeneutische Debatten eingehen zu wollen, sei vor allem darauf verwiesen, dass es die bezeichnete Relation zwischen den beiden gibt, die man je nach Interessenlage als unterschiedlich hilfreich empfinden mag. Allerdings wird man sich auf den kleinsten gemeinsamen Nenner einigen müssen, der auf der Grundlage der Tatsache zu formulieren ist, dass man Autoren wie Thomas von Aquin heute nicht mehr fragen kann, was er eigentlich gemeint habe (unter der stillen Voraussetzung, dass Thomas sich auf solche Fragen hin überhaupt grundsätzlich auskunftsbereit gezeigt hätte) und man von daher auf Interpreten resp. Kommentatoren angewiesen ist, die stellvertretend Auskunft geben sollen über das Gemeinte. Sicherlich wird man zu unterscheiden haben zwischen diesen Kommentatoren, die danach fragen, wie die Position des Autors in seiner Zeit einzuordnen ist und jenen Kommentatoren, die auf die Frage eingehen, was der Autor samt seiner verfassten Position für die Gegenwart bedeutet.

Es zeigt sich also schon sehr schnell, dass man nicht umhinkommt, die Frage nach der Hermeneutik zu stellen.

2. Der Lex-Traktat im Plan der Summa Theologiae

Soweit eine kurze Vorbemerkung allgemeiner Art, bevor ich genau auf das eingehe, was Prof. Otto Hermann Pesch betrieben hat: Nachdem in seinen Studien die Thomas-Rezeption immer wieder an wesentlichen Stellen Eingang gefunden hat, hat er die Aufgabe übernommen, sich – nicht zum ersten Mal, aber zum ersten Mal an verantwortlicher Stelle – an die Deutsche Thomas-Ausgabe heranzumachen. Die DThA ist eine Geschichte für sich – sie hat eine lange Tradition, wurde in den 1930er Jahren mit großer Verve begonnen und hatte es sich zur Aufgabe gemacht, die Summa Theologiae nicht nur ins Deutsche zu übersetzen, sondern den Text kritisch zu edieren sowie zu kommentieren.

Der Band, um den es im Folgenden gehen soll, ist der Band 13. Erschienen ist er 1977 (Kerle/Styria Heidelberg/Graz u.a.) und fiel nicht nur durch sein Volumen auf (gut 800 Seiten dick), sondern vor allem durch seinen ausführlichen Kommentar, der Maßstäbe gesetzt hat, die nicht leicht zu überbieten sein dürften. Der bezeichnete Band trägt den Titel „Das Gesetz" und betrifft die Kapitel S.th. I-II 90–105. Bevor ich auf diese Kapitel eingehe, möchte ich sie innerhalb des Plans der Summa vorab einordnen.

Wir bewegen uns bereits im ersten Teil des Zweiten Buches (Prima Secundae), und wie es der glückliche Zufall will, wird es ausgerechnet Otto Hermann Pesch sein, der einige Jahre später den Kommentar zum vorhergehenden Band 12 vorbereiten wird, der schließlich mit dem Titel „Die Sünde" erschienen ist (Styria Wien 2004), mit gut 1200 Seiten noch umfänglicher als Band 13, der dem Band 12 chronologisch nachfolgt, aber im Erscheinungstermin dem Band 12 vorhergegangen ist.

Zu Beginn der II pars stellt Thomas dar, dass es ihm darin um den Menschen als Ebenbild Gottes geht. Der Mensch soll durch sein freies Handeln – das gegründet ist in der Einsicht – den Weg zurück zu Gott gehen[55] bzw. der Mensch soll durch seine Praxis dem nachkommen, was die philosophische und theologische Theorie in der I pars hinsichtlich des Ebenbilds des dreieinen Gottes – des Menschen – entfaltet hat.[56] Die I–IIae setzt sich mit dem freien und einsichtsvollen Handeln des Menschen grundsätzlich auseinander – darin auch mit der Sünde (I–II 71–89), um dann in der IIae–II diese Auseinandersetzung im Einzelnen durchzuexerzieren. Ziel des Menschen ist die beatitudo in der Anschauung Gottes. Dazu bedarf es des menschlichen Handelns, sei es des spezifisch menschlichen Handelns (gesteuert von Vernunft und Willen, unabhängig von sinnlichen Antrieben), sei es der menschlichen Handlungen, die zwar vernunftgeleitet sind, aber auch den vernunftlosen Lebewesen eignen. Die Sünde ist im Werk des Aquinaten zwar scheinbar kein großes Thema und sie wird in einem Atemzug mit den Tugenden genannt.

Für Pesch ist evident, dass die IIa eine „theologische Anthropologie" darstellt. Damit setzt er sich ab von etwaigen Vorstellungen, dass Thomas in diesen Passagen seines Werks eine theologische Ethik im eigentlichen Sinne oder gar eine Moraltheologie im heutigen Sinne entworfen habe, die sich mit Normen oder gar Pflichten identifiziert.

„Die Secunda Pars beschreibt den Weg des begnadeten Menschen heim zu Gott und erklärt gleichsam die Eigenart dieses Weges und die Kondition derer, die ihn gehen. Darum der alles prägende Einsatz beim Endziel des menschlichen Lebens sowie die zentrale Stellung des Begriffs der eingegossenen Tugend, auf den die Analyse des freien Aktes, das göttliche Gebot und die Gnade systematisch bezogen werden."[57]

Diese Aussage ist insofern von Belang, als in den letzten Jahren Debatten geführt wurden um den so genannten „Plan" der Summa, bei der es letzten Endes darum geht, die thomasische Theologie nicht nur als historisch zu archivierendes Ereignis, sondern auch als relevant für die Gegenwart zu betrachten. Das aufgeführte Zitat ist in dieser Angelegenheit die Grundthese von Otto Hermann Pesch, die er präsentiert hat und von der er sich in seiner Hermeneutik leiten ließ. Der Plan der Summa impliziert

---

[55] Vgl. zum Folgenden Otto Hermann Pesch, Kommentar, in: Thomas von Aquin, Die Sünde (Deutsche Thomas-Ausgabe Bd.12), Wien 2004, 653–1122.
[56] Vgl. Wilhelm Metz, Die Architektonik Summa Theologiae des Thomas von Aquin. Zur Gesamtsicht des thomasischen Gedankens, Hamburg 1998, 89–102.
[57] Pesch, Einführung, in: Sünde, 657.

durch sich selbst ein Konzept von Geschichte und Geschichtlichkeit des Menschen.

3. Zur sachlichen Einordnung des Lex-Traktats

Nach dieser Klärung steht an, den Lex-Traktat selbst in den Blick zu nehmen, sowohl hinsichtlich des Textes des Aquinaten als auch hinsichtlich des Kommentars von Pesch. Der Traktat schließt an den eben bezeichneten Traktat der Sünde an. Pesch betont in seiner Einführung, dass der Bezug auf das „Gesetz" nicht dazu führen kann, bei Thomas von Aquin an dieser Stelle eine Art „Staatsphilosophie" zu vermuten, sondern vielmehr geht es Thomas um ein „Vorverständnis" von Gesetz – so wie es eingeführt sein muss, um die nachfolgenden Quästionen der Summa zu verstehen, die vom Alten und vom Neuen Gesetz handeln.[58]

In der Einleitung zum Traktat geht Pesch nochmals auf den vorgeblichen Aspekt ein, der ihm regelmäßig auferlegt wird, nämlich dass er ein Stück Moraltheologie sei und/oder (Theologische) Ethik. Abgesehen davon, dass eine solche interdisziplinäre Unterteilung des theologischen Fächerkanons in der Hochscholastik noch keine Rolle spielte, muss man zwar konzedieren, dass diese Passagen Themen tangieren, die heute in der Moraltheologie/Ethik behandelt werden, aber es ist am Ende dennoch festzuhalten, dass es dem Aquinaten in seiner Summa um ein klar systematisch orientiertes Werk ging – nämlich ausgehend von der Frage nach Gott auf die Frage nach dem Menschen als Ebenbild Gottes einzugehen.

Welches Menschenbild steht hinter der Theologie des Aquinaten? Im Unterschied zu anderen Lebewesen ist es sein Handeln, das den Menschen zum Menschen, zum Ebenbild Gottes macht. Der Mensch geht „auf dem Weg verstehenden und freien Handelns zu Gott ..., weil er nur in Erkenntnis Gottes und Liebe zu ihm Gottes Ebenbild wird."[59] Vor der Reflexion über das Handeln braucht es aber eine Reflexion über das Ziel des Handelns, das Ziel des Menschen, nämlich die Bewegung hin zu Gott. Das menschliche Handeln ist zwar einerseits ein freies Handeln, aber andererseits werden die Ursprungsgründe des Tätigseins vom Wirken Gottes beeinflusst. Innerhalb der menschlichen Möglichkeit des Handelns gibt es auch den Missbrauch der Freiheit: Aus dem von der Gnade geschaffenen Handeln wird die Sünde, aus der Tugend wird das Laster. Diese Handlungen haben ihren Ursprung in der sinnlichen Wesensschicht des Menschen.

---

[58] Vgl. Pesch, Einleitung, in: Thomas von Aquin, Das Gesetz (Deutsche Thomas-Ausgabe Bd.13), 7f.

[59] Pesch, Einführung Bd. 13, 533.

Interessant für unseren Zusammenhang sind die äußeren Einflüsse der Ursprungsgründe für das menschliche Handeln, das heißt, sie sind von Relevanz, sie liegen aber außerhalb des Menschen. Das sind das „Gesetz" (lex) und die „Gnade" (gratia). Das ist der Schwerpunkt, der eben im Lex-Traktat begonnen wird, erörtert zu werden. Gott unterweist den Menschen durch das Gesetz, durch die Gnade hilft er uns. Pesch insistiert in seinem Kommentar darauf: Im Wesentlichen handelt sich um eine theologische Anthropologie, die Thomas hier entwirft.

4. Philosophische Ethik – Theologische Ethik

Zunächst geht Pesch näher auf die Problematik ein, in welcher Weise die philosophischen Ausführungen des Aquinaten zu bewerten sind. Kann man so weit gehen, die einschlägigen Passagen gar als „philosophische Ethik" zu bezeichnen?

Pesch relativiert diese Vermutung ziemlich schnell: Thomas von Aquin praktiziert das Verfahren der „theologischen Analogie"[60], d.h. Glaubensaussagen werden durch philosophisch reflektierte Phänomene gedeutet, die man auch erkennen und verstehen kann, wenn man nicht gläubig ist. Um also Begriffe des Glaubens verstehbar zu machen, werden Begriffe der Philosophie herangezogen. Wenn Thomas den biblischen Schöpfungsbegriff mit der Wandlung von Nichtsein ins Seins umschreibt, wenn die Kraft der Gnade mit der aristotelischen Beschaffenheit (qualitas) resp. Gehaben (habitus) beschrieben wird, dann argumentiert Thomas zwar mit der Philosophie, wird dadurch aber nicht automatisch zum Philosophen! Pesch macht dies paradigmatisch an drei Punkten fest:

1.) Zunächst verweist er auf den Analogiecharakter der Begriffe und Aussagen der Philosophie – und dies tut er mit gutem Grund, denn sie sind weder univok noch äquivok (gleich- bzw. verschiedensinnig). Wenn Thomas dann das „Gesetz" reflektiert, dann steht dahinter eine Analogie. Pesch bezieht sich auf die klassischen Diskussionen um die Analogielehre und fasst hinsichtlich des Aquinaten zusammen:

„'Analogia entis' ist auch für Thomas selbstverständlich nur möglich im Raum der von Gott selbst begründeten ‚analogia fidei', jener Entsprechung zwischen den Dingen und Gott, die erst und allein der Glaube wahrnimmt und als Denkwege zu Gott beschreiten darf."[61]

---

[60] Pesch, Einführung Bd. 13, 536.
[61] Pesch, Einführung Bd. 13, 538.

2.) Trotzdem steht die Philosophie im Ansatz des Aquinaten nicht außen vor! Mit der Analogie allein will Pesch den Rekurs auf eine philosophische Hermeneutik nicht erklären. Wenn nämlich Thomas in der IIa auf den Menschen eingeht, dann bezieht er sich nicht nur auf den Menschen als Ebenbild Gottes, sondern auch auf die Beschaffenheit eben jenes Menschen, der mittels der Gnade Gottes zum Ebenbild werden soll. So konzediert Pesch mit Recht, dass in der IIa eine aristotelisch geprägte philosophische Ethik und eine philosophische Anthropologie steckt – wenngleich sie eng verwoben sind mit einem theologischen Gerüst und letztlich nur im Kontext des Glaubens erklärbar sind. Für Thomas ist evident, dass das Menschsein intrinsece Berufensein zur Gnade bedeutet.

„Die anthropologischen und ethischen Erörterungen stehen in der IIa Pars etwa an der Stelle und nehmen die Funktion wahr, die heute psychologische, soziologische und medizinische Darlegungen innerhalb einer Moral- und Pastoraltheologie einnehmen."[62]

3.) Es ist zudem zu berücksichtigen, dass Thomas sich bei seinen Erörterungen nicht an den Zehn Geboten orientiert, sondern an der antiken Lehre der Kardinaltugenden und Einheit mit den sogenannten theologischen Tugenden. Das Gesetz Gottes, die Gebote, ist quasi eingebettet in die Tugendlehre. Damit vermeidet Thomas, ein moraltheologisches Pflichtenhandbuch zu verfassen und vermag, eine Theologie zu betreiben, die den Menschen als einen auf dem Weg zu Gott betrachtet.

5. Zum Lex-Traktat

Damit sind die Voraussetzungen geklärt, die es braucht, um den Kommentar von Pesch zum eigentlichen Lex-Traktat zu verstehen! Pesch setzt einen klaren Gegenakzent zu jenen Interpreten, die diese Passage unter rein philosophischen, ethischen oder gar politischen Gesichtspunkten betrachtet haben. Wenn hier vom Gesetz die Rede ist, ist damit im Wesentlichen das göttliche Gesetz gemeint und die ersten Quästionen zum Thema Gesetz sind keine politische Philosophie, sondern sind „Prolegomenon"[63] zur Lehre vom Gesetz Gottes, das letztlich das Hauptthema des Traktats ausmacht. Der Traktat beginnt mit einer Einführung in das Wesen des Gesetzes (90), geht über in die Unterteilung der zwei Grundarten des Gesetzes – zum einen das ewige Gesetz in Gott (91,1), zum anderen das natürliche Gesetz, d.i. die Teilhabe des Menschen am ewigen Gesetz (91,2). Das natürliche

---

[62] Pesch, Einführung Bd. 13, 539.
[63] Pesch, Einführung Bd. 13, 540.

Gesetz wiederum wird durch das menschliche und das göttliche Gesetz determiniert, d.h. konkretisiert (91,3). Das göttliche Gesetz unterteilt sich in Altes und Neues Gesetz (91,5). Das Alte Gesetz wird näherhin erläutert (98ff.) hinsichtlich der drei Verpflichtungen (allgemeines Sittengesetz, Kultvorschriften und Rechtsgebote). Zu einem späteren Zeitpunkt (nämlich außerhalb des seitens Pesch kommentierten Bandes 13)[64] geht Thomas dann auf das Neue Gesetz und schlussendlich auf die Gnade ein. Und darum geht es dem Aquinaten eigentlich – auf das göttliche Gesetz und die Gnade läuft nämlich in seinem Konzept alles zu. Das trifft nicht nur im Falle des Lex-Traktats in der Summa zu, sondern auch in anderen Studien des Aquinaten zum Thema, wenngleich sie teilweise in ihren Aussagen differieren.[65]

Es würde an dieser Stelle zu weit führen, den gesamten sehr ausführlichen und differenziert erstellten Kommentar von Pesch zu den einzelnen Quästionen und Artikeln darzustellen. Dass Pesch ein hervorragender Thomas-Kenner und ein präziser und kritischer Interpret ist, braucht an dieser Stelle und in diesem Symposion nicht weiter hervorgehoben zu werden. Im Folgenden möchte ich deshalb nur auf einzelne Punkte eingehen, die Pesch im Rahmen des Kommentars hervorgehoben hat – selbst wenn man mir mit gutem Grund eine sehr selektive Methode vorwerfen könnte.

6. Das „Naturrecht"

Die Naturrechtsdebatte feiert heute wieder fröhlich Urständ. In der Moraltheologie hat man sich nach dem Konzil – zumindest im deutschsprachigen Raum – von ihr weitgehend verabschiedet, aber zunehmend findet es wieder Platz in den moraltheologischen und ethischen Diskursen.

Wie man es nimmt, man kann sich dieser Debatte anschließen oder sich ihr verweigern – allerdings kann man den Aquinaten nicht zu einer Referenz zugunsten eines naturrechtlich orientierten Vorstellung machen – schlicht weil Thomas von Aquin kein Naturrechtler im heutigen Sinne war

---

[64] Deutsche Thomas-Ausgabe Bd. 14, Der Neue Bund und die Gnade (I–II 106–114) (kommentiert von Thomas-Albert Deman), Heidelberg – Graz 1955.

[65] Pesch verweist auf die Parallelstellen im Sentenzenkommentar, in der Summa contra Gentiles, in den Matthäus- und Römerbriefkommentaren und im Compendium und stellt fest, dass die Aussagen in der Summa ausgereifter sind. So meint die Summa contra Gentiles mit dem göttlichen Gesetz die gesamte Gesetzgebung Gottes als Auswirkung seiner überzeitlichen Vorsehung, im Sentenzenkommentar wird unterschieden zwischen der geschichtlich-positiven Weisung Gottes an Israel und die Kirche (lex divina) und die überzeitlich lex aeterna Die. Vgl. Pesch, Einführung Bd. 13, 542f.

und er es vermutlich auch nicht im Sinne der naturrechtlichen Argumentation des beginnenden 20. Jahrhunderts war.

Im Römischen Recht ist Naturrecht gemeinhin das, was die Natur alle Lebewesen lehrt, seien sie Menschen, seien sie nichtmenschliche Lebewesen.[66] Dagegen hat Thomas von Aquin nichts einzuwenden, aber er unterscheidet Naturgesetz vom Naturrecht. Das Naturrecht ist vorpersonal, das Naturgesetz ist Sache der Vernunft. Deswegen kann das Naturgesetz auch nur Sache der Menschen sein, nicht aller Lebewesen. Das Naturgesetz ist für Thomas Inbegriff aller Forderungen die der Mensch mit seiner natürlichen Vernunft erkennt – sowohl, was den Nächsten angeht als auch was Gott und sich selbst angeht. Dem Naturgesetz eignet nach Thomas ein gewisser personaler Charakter, weil es zwar im Modus einer abstrakten Vernunftform daherkommt, es aber das persönliche Gesetz des Naturschöpfers ist.[67] Naturrecht (ius naturalis) dagegen beschränkt sich nur auf die Ordnung des zwischenmenschlichen Verhältnisses.

Pesch betont konsequenterweise den theologischen (!) Charakter des thomasischen Naturgesetz-Gedankens, der rein philosophisch nicht einzuholen ist, weil eine philosophische Betrachtung des Themas vor allem darauf kommen wird, welche Diskontinuität von Metaphysik und Ethik eigentlich herrscht.[68] Pesch weist allerdings in seinem Kommentar darauf hin, dass eben diese Diskontinuität einen positiven Aspekt ergibt:

„Denn ein Naturgesetz, das nur einen ‚Handlungsumriss' gibt, entlässt den Menschen offenbar in die Freiheit des vernünftigen ‚Erfindens', kurz: in das menschliche Gesetz und seine Begründung durch Natur, Situation und Gewohnheit, in die Autonomie der irdischen Wirklichkeiten. Thomas als einer der geistigen Ahnherren der Säkularität? Das Befreiende eines solchen Gedankens angesichts der vielen quälenden Engführungen der Naturrechtsdiskussion sollte ihm mindestens Beachtung sichern."[69]

Aber Pesch setzt seinen Gedankengang konsequent fort:

„Andererseits beleuchtet gerade dieses Resultat von rückwärts noch einmal der zuinnerst theologischen Bewandtnis des Lehrstücks in seiner uns vorliegenden Form."[70]

Und an anderer Stelle:

„Weil die Theologie dafür geradesteht, dass das Naturgesetz in der Vernunft des Menschen das ewige Gesetz der Vorsehung und Weltregierung

---

[66] Vgl. Pesch, Einführung Bd. 13, 568f.
[67] Vgl. Pesch, Einführung Bd. 13, 584 (unter Berücksichtigung von 94,5).
[68] Vgl. Pesch, Einführung Bd. 13, 573.
[69] Pesch, Einführung Bd. 13, 573.
[70] Pesch, Einführung Bd. 13, 573.

Gottes im Modus menschliche Anteilhabe ist, kann die praktische Vernunft es ungefragt voraussetzen, dass die Strebungen und Neigungen des Menschen grundsätzlich das Gute erstreben, kann sie nun doch das Naturgesetz ... als ungeschriebenen Kodex detaillierter Verhaltensregeln für möglich halten und diese ableiten...“[71]

Und doch ein wenig Staatsphilosophie...

Unbeschadet des Analogiecharakters bei der Verwendung des Gesetzes-Begriff gesteht sogar Pesch im Kommentar zu den Quästionen 96–97, die sich mit dem menschlichen Gesetz beschäftigen, ein gewisses Quantum an staatsphilosophischen Erörterungen seitens des Aquinaten zu, der in der Regel auf antike philosophische und juristische Überzeugungen rekurriert. Aber es ist Pesch dahingehend Recht zu geben, dass Thomas an dieser Stelle kein Novum an politischer Philosophie produziert hat oder produzieren wollte, sondern quasi einführend einen grundlegenden Überblick über das Wesen des Gesetzes gibt. Nicht mehr, aber auch nicht weniger.

„Weder aus dem Alten noch aus dem Neuen Gesetz entnimmt Thomas unmittelbare politische Handlungsanweisungen, nicht einmal solche allgemeinster Art.“[72]

7. Geschichte und Heilsgeschichte

In der Betrachtung der Quästionen zum Alten Gesetz führt Pesch in seinem Kommentar einen Exkurs mit dem Thema „Geschichtliches Denken in der Lehre vom Gesetz bei Thomas“[73] ein. Es widerstrebt Pesch, die u.a. aus der neuscholastischen Tradition stammende These der Geschichtslosigkeit des Aquinaten zu bestätigen. Mindestens im Lex-Traktat offenbart sich ein anderer Thomas, der sehr wohl geschichtlich denkt. Sein anthropologischer Ansatz geht von einer praktisch-politischen Erfahrung aus, d.h. vom konkret-geschichtlichen Leben des Menschen. Die Auseinandersetzung mit dem menschlichen Gesetz rekurriert als normative Größe für den menschlichen Gesetzgeber auf das geschichtliche Leben und Handeln aller Menschen. Ebenso ist der Verweis auf das Faktum der Sünde, welche die Geschichte der Menschheit bestimmt, ein solches Indiz dafür, aber auch die Betonung des Aquinaten innerhalb des Traktats zum Alten Gesetz auf den zeitgeschichtlichen Sinn der alttestamentlichen Stellen und nicht zuletzt die Stellung Christi zwischen Altem und Neuem Gesetz und dessen Position als

---

[71] Pesch, Einführung Bd. 13, 578.
[72] So Pesch im Kapitel „Theologie und Politik“ in Schlusshinweise, Bd. 13, 736–743, 739.
[73] Pesch, Exkurs I: Geschichtliches Denken in der Lehre vom Gesetz bei Thomas, in: Pesch, Kommentar Bd. 13, 60ff.

Mittelpunkt einer Heilsgeschichte der Menschheit mit Gott zeigt die geschichtliche Perspektive mehr als deutlich.

Für Pesch ist evident, dass der Glaube es mit Abfolge von Geschichte zu tun hat und nicht als zeitloses Objekt zu betrachten ist. Nicht nur in der Summa, sondern im Gesamtwerk des Aquinaten ist für Pesch evident, dass er geschichtlich ausgerichtet ist. Thomas geht von einem ordo disciplinae aus, einer Ordnung des Verstehens, die durch sich selbst offen ist für Geschichte. Seine Referenzen für den Kommentar sind neben anderen Ulrich Kühn[74], Wolfgang Kluxen[75] sowie last but not least, Marie-Dominique Chenu[76].

Ohne an dieser Stelle die breit geführte Debatte um den Plan der Summa oder dem Exitus-Reditus-Schema als methodologische Grundoption anschneiden zu wollen,

fasse ich den Ansatz von Pesch zusammen, wie er die Theologie des Aquinaten deutet. Ich zitiere Pesch und ich glaube, dass man mit dieser Definition der Theologie des Thomas von Aquin durchaus auch das theologische Konzept seines Kommentators, Otto Hermann Pesch, definieren kann:

„Mit den Augen Gottes auf Welt, Mensch und Geschichte schauen, dazu instand gesetzt durch das Licht des Glaubens, das Gott dem Menschen geschenkt hat."[77]

---

[74] Ulrich Kühn, Via caritatis. Theologie des Gesetzes bei Thomas von Aquin, Berlin 1964 – Göttingen 1965.

[75] Wolfgang Kluxen, Philosophische Ethik bei Thomas von Aquin (Walberberger Studien, Phil. R. Bd. 2), Mainz 1964 (und spätere Nachdrucke).

[76] Marie-Dominique Chenu, Das Werk des hl. Thomas von Aquin (übers. v. Otto M. Pesch OP) (Deutsche Thomas-Ausgabe Erg.Bd. 2), Heidelberg – Graz 1960 (franz.: Introduction à l'étude de saint Thomas d'Aquin, Paris 1950).

[77] Pesch, Exkurs I, 610.

Peter Reifenberg

„Frei Sein aus Gnade"
Anfragen an O. H. Peschs „Anthropologie"

1. Anmerkungen zu Form und Zielrichtung

Mit unserer Würdigung werden wir keine hagiographischen Versuche unternehmen, sondern die heutige Theologie mit und aus der weit gefächerten und hervorragend informierten Arbeit O. H. Peschs positiv fortschreiben, um aus den begangenen neue Wege aufzufinden. Und dies gleich vorweg: Einem so reichen, wohlbedachten und gültigen Werk wie es Peschs Theologische Anthropologie „Frei sein aus Gnade" (Herder Freiburg 1983) ist, kann eine knappe Rückfrage in keiner Weise gerecht werden; bei weitem kann die informative Weite des Buches nicht ausgeleuchtet werden, weder inhaltlich noch formal.

Meine wenigen Punkte möchte ich mit einer persönlichen Erfahrung beginnen, die schon einige Zeit zurückliegt und sich dennoch unschwer auf Peschs „Frei sein aus Gnade" (1983) übertragen lässt:

Es dürfte im Jahr 1992 gewesen sein, als ich mit meinem verehrten Freund und Lehrer, einem Adligen von Geburt und Herz, Emerich Coreth SJ, an einem weinseligen Abend nach getaner Arbeit zu aktuellen Themen der Metaphysik ins Gespräch kam und dabei freimütig bekannte, dass seine 1964 bei Tyrolia (Innsbruck) erschienene fast 600 Seiten umfassende „Metaphysik" bis zum heutigen Tage zu meinen Buch-Favoriten zählt, und dies auch wegen der methodisch-systematischen Stringenz und des Aufbaus, der leserfreundlichen Durchführung trotz enormer Gedankendichte sowie seiner Zielrichtung. Doch P. Coreth entgegnete bescheiden und selbstkritisch, das in sechs Wochen „heruntergeschriebene", der Zeitproblematik geschuldete Buch – es ging ihm vor allem um einen Kontrapunkt zu Heideggers entpersonalisierter Fundamentalontologie – müsse unbedingt entschlackt, zeitgemäß, gekürzt und im Hinblick auf die Studierenden, denen die Materie weder ideengeschichtlich noch systematisch einginge, noch klarer präsentiert werden. Dem Gespräch folgte knapp zwei Jahre später die bei Tyrolia (1994) veröffentlichte, konzise Neufassung eines „Grundriss der Metaphysik", jetzt 220 Seiten umfassend, auf den Verstehenskontext des Lesers achtend und die Zeitprobleme hinreichend berücksichtigend.

Übrigens schrieb Pater Coreth eine sehr schöne philosophische Anthropologie unter dem Titel: „Was ist der Mensch? Grundzüge einer philosophischen Anthropologie".

O. H. Pesch will mit seiner „Theologischen Anthropologie" ein „gediegenes Lehrbuch" vorlegen, dessen Aufbau der „klassischen Sonate" mehr entspricht als der „barocken Suite". Auch wenn dem Buch manche genialischen Züge der romantischen Symphonie gut getan hätten, ist ihm dies gewiss zu seiner Zeit gelungen. Insgesamt würde jedoch gerade auch im Blick auf die Entwicklung in der Ökumene seit 1983 – denken wir nur an die gemeinsame Erklärung zur Rechtfertigung aus dem Jahre 1999 – eine Neufassung anstehen, die auch weniger umfangreich, etwa auf die Hälfte gekürzt, Redundanzen vermeidet, den „roten Faden" der Frage nach dem Menschen im Blick behält, in der weniger theologiegeschichtliche Details die Hauptkapitel schmücken, die selbst für den Fachgelehrten abwegige Umwege erforderlich werden lassen und längst ausgetragene und der heutigen Problemlage weit entfernte historische Kontroversen aufwärmen, um dann tatsächlich den nachpostmodernen Erfordernissen entsprechendes Lehrbuch der Anthropologie im besten Sinne vorzulegen, das man gerne konsultiert, weil es unkompliziert Orientierung verschafft und nicht allzu große Disziplin dem ermüdeten Leser abringt. Selbst wenn er ausgerechnet die „mäßige Ausführlichkeit" theologiegeschichtlicher Ausführungen bedauert, spürt Pesch selbst zumindest gegen Ende seines Entwurfs, wie sehr er seine Leser strapaziert, wenn er mit dem wichtigen Neunten Fragekreis „Rückblicke" (416ff.), näher im 23. Kapitel die wertvollen „Querverweise" auf aktuelle Probleme der Anthropologie entwickelt und selbstkritisch bemerkt:

„Nach dem streckenweise gewiß penetranten und verbissenen Versuch, die Grundaussagen spezifisch theologischer Anthropologie entlang den Themen und in aktualisierender Übersetzung der klassischen Gnadenlehre zu entfalten, mag der Wunsch, nun endlich „konkret" zu werden – weit über das hinaus, was, wie ich hoffe, in den systematischen Kapiteln des Buches an „Konkretion" schon versucht wurde" (433).

Die Neufassung lohnte sich allemal, das Buch birgt auch in dieser Form theologische Spitzensätze!

Tatsächlich trägt es die Merkmale eines „perpetuum mobile", anders gesagt, die Merkmale eines Schulbuches, das es heute schwer haben wird, die angezielten engagierten, problembewusst fragenden Christen, die Studierenden, die Religionslehrer und Seelsorger zu erreichen, selbst wenn der wunderbar-einladende Titel „Frei sein aus Gnade" gerade auch die Zeichen der Zeit zu 100% treffen könnte. Denn der Titel ist das Programm, er nimmt den paulinischen, lutherischen und aufklärerischen sowie die gesamte Philosophiegeschichte durchströmenden Impetus des unbedingten Freiheitswillens des Menschen auf, der dann im diesen zunächst begrenzenden und entgegenstehenden, das Gott-Mensch Verhältnis problematisierenden „Gnadenbegriff" in äußerste Spannung versetzt. Beide Grundexistentialien zusammengedacht scheinen nachaufklärerisch zunächst eine Antinomie, postsäkular sogar eine Aporie zu sein. Doch locken sie gerade in ihrer Asymmetrie. Die Grundproblematik dieses Buches, den Ort und den Ansatz gegenwärtiger theologischer Anthropologie aus der traditionellen „Lehre von der Gnade und Rechtfertigung" (vgl. 36.38) erheben zu wollen, „ihr darin eine neue Sprach- und Begriffsgestalt zu geben" (38), wird jedoch heute kein Religionslehrer leicht verstehen, selbst wenn eine intendierte Neuformulierung und Aktualisierung im Lichte der Wende zum Subjekt als „Aussage über den Menschen vor Gott" zu formulieren versucht wird (vgl.37). Allein hätte Pesch den Grundton des Titels, die Neuverantwortung des Glaubenswortes über den Menschen im Vollsinne des Wortes aktueller erklingen lassen müssen, d.h. die Tathandlung des Freiseins aus der apriorischen Erstbestimmung aposteriorisch als Letztbestimmung aus Gnade lebendig werden lassen können, und den Menschen und seine ihn grundständig leitende Sinnfrage als Tathandlung auslegen können.

Denn liegen nicht im Tun selbst die Vollendung des Menschseins und die Letztbestimmung seiner Wirklichkeit, die in der größten Tat des Menschen, dem Tode, gekrönt wird? Pesch selbst sieht dies sehr weise, wenn er über den Tod des Menschen spricht: „Der Tod ist Tat des Ich. Im gewissen Sinne ist er Vollendung" (70).

Würde für Pesch nicht ein solch kühnes, die Metaphysik vom Sein auf das Tun hin umkehrendes Unterfangen durch seine zu große Treue gegenüber der thomistischen Metaphysik im Vorfeld schon scheitern?

Doch verrät Pesch zumindest mit dem Titel seinen ihm ganz eigenen Weg, der so segensreich für die nachkonziliare Theologie – etwas außerhalb rein binnenkatholischer Diskurse – diese befruchtet. Das große, bisher uneingeholte Verdienst Peschs ist eine beide Konfessionen in ihren je eigenen Denktraditionen und Denkinstrumentarien zusammenbringende Konvergenztheologie eigener Prägung. Das ist eine kolossale Lebensleistung. Pesch kennt sich nicht nur hinsichtlich der ideengeschichtlichen Stränge beider Konfessionen bestens aus, er belegt dies auch durch erstklassige Literaturstudien und Empfehlungen, die dem geneigten Leser Welten eröffnen können (Ebeling, Althaus, Barth, Rahner, Balthasar usw.), ein Schulbuch im besten Sinne eines guten Schul- und Lesemeisters der ökumenisch geprägten Theologie, die ihresgleichen suchen müsste und kaum finden wird. Da spürt man auf Schritt und Tritt das außerordentlich große pädagogische Engagement Peschs, der ähnlich wie das jüngst erschienene, wegweisende mehr als 1500 Seiten umfassende zweibändige Werk Thomas Pröppers „Theologische Anthropologie" ((I.II) Herder Freiburg 2011) gut ausgearbeitete Vorlesungen zusammenfasst. Dies stellt sich jedoch bezüglich Umfang und Gedankenführung gleichsam für beide herausragenden Theologen zugleich als leichten Nachteil dar, wie oben beschrieben.

2. Die Frage der Tradition

So wird ihm gerade auch der Versuch, die Frage nach der Gegenwartsbezogenheit des überlieferten Zeugnisses als Fachfrage geschmeidig zu beantworten, zum Hindernis. Näherhin Peschs Beschränkung auf „repräsentative Stationen der Tradition" (18) in deren „Wirkungsgeschichte wir fühlbar noch heute stehen und theologisch denken" (18) engt das Traditionsverständnis so weit ein, dass sich hinsichtlich des Sinns von Tradition eine Verzerrung eintritt. Kann man wirklich die geschichtlich-dynamische Tradition repräsentativ beschränken?

Zudem ermüden die steten Wiederholungen, die letztlich für die systematische Rückfrage nach dem Menschen abträglich wirken. Auf die Peschsche Weise lässt sich jedenfalls heute Tradition nicht verstehen[78]:

Auf die Weise eines gestrengen Paukers wiederholt er gebetsmühlenartig die jeweiligen Probleme (z. B. der Freiheit und der Gnade) stets mit den repräsentativen Konstanten: „Paulus mit dem alttestamentlichen Hintergrund, Augustinus und dessen Traditionsstrang, Thomas von Aquin, Luther und das Konzil von Trient durchdekliniert."

Es kann doch nicht sein, dass damit Peschs Traditionsverständnis erschöpft ist? Genügen diese signifikanten Gesprächspartner, um das Lebensprinzip von Kirche und Theologie abzubilden? Seine unglaubliche Kenntnis dieser Traditionsstränge gereicht m. E. dem Buch zum Nachteil, weil es den Reichtum der Tradition nicht ausschöpft, selbst wenn er auch

---

[78] Vgl. dagegen das gegenwartsorientierte und zukunftsbezogene Traditionsverständnis Maurice Blondels: Maurice Blondel, Geschichte und Dogma, hg. und eingeleitet von Albert Raffelt, übersetzt und kommentiert von Hansjürgen Verweyen, Regensburg (Pustet) 2011. Dazu: Anton van Hooff, Die Glaubenstat schafft sich die Tradition, in: Peter Reifenberg – Anton van Hooff (Hg.), Tradition – Dynamik von Bewegtheit und ständiger Bewegung. 100 Jahre Maurice Blondels „Histoire et Dogme" (1904 – 2004), Würzburg (Echter) 2005, 102–113.

jeweils zu einem „gemeinsamen Wort christlicher Glaubensüberlieferung" findet, übrigens durchgehend Höhepunkte des Buches. Doch wo bleiben die großen Entwürfe wie etwa der des Cusanus, von Bonaventura, Calvin etc.. Wo kommen die Philosophen und Theologen der Aufklärung zur Sprache, warum wird die transzendentaltheologische/philosophische Phänomenologie des 19. Jahrhunderts in Frankreich, die äußerst befruchtend für die konziliare Theologie wirkte, mit keinem Wort erwähnt, als da doch Pesch selbst ein Experte der Ideen-Geschichte und Verlaufs des II. Vatikanums ist?[79] Wo darf der Kirchenvater der Protestanten, Schleiermacher, sich mit seinem Menschenbild einreihen, wo spielt die tranzendental-anthropologische Wende Rahners, wo die Herrlichkeitstheologie Balthasars in der Rückfrage „wer der Mensch sei" eine Rolle usw.?

Vielleicht liegt in seinem Traditionsverstehen die am meisten gewichtige Anfrage an Peschs Anthropologie begründet, doch auch seine erkenntnistheoretische Grundposition bleibt unklar und könnte m. E. mit einem sich Thomas anschließenden erkenntnistheoretischen Realismus umschrieben werden.

Die transzendentale Frage findet bei ihm (eigentlich) keine Berücksichtigung. Eine kleine, doch eher flüchtige Ausnahme findet sich im Blick auf die Behandlung der Freiheit (vgl. 312.314), dann aber der wiederum antikantische und missverständliche Gebrauch von „transzendental, wenn es um die Bestimmung von Erfahrung und näherhin der Gnadenerfahrung geht (vgl. 342).

Die Tradition, Lebens- und Handlungsprinzip von Theologie und Kirche zeigt sich als Dynamik von Bewegtheit und ständiger Bewegung. Sie ist das verbindende Dritte zwischen Glauben und Geschichte, Dogma und Geschichtlichkeit, Glauben und Vernunft, Gnade und Freiheit. Das Rüstzeug einer modernen theologischen Anthropologie und eines postsäkularen Traditionsverständnisses kann sich nicht in den Paradigmen Peschs erschöpfen, sondern ereignet sich je neu im Tun des Menschen, im Handeln und Denken, in Theologie und Philosophie; es ist selbst unabgeschlossenes Ereignis, jenseits von Extrinsezismus und Intrinsezismus, von Historismus, von Traditionalismus und Atheismus, von Objektivismus und Subjektivismus.

---

[79] Vgl. hierzu: Peter Henrici SJ, Ein philosophischer Kirchenlehrer? Zum 150. Geburtstag von Maurice Blondel, in: Stimmen der Zeit, Heft 11, November 2011.

3. Die Frage nach der theologischen Anthropologie heute

Mit den geschickt angelegten „neun Fragekreisen" gibt Pesch seiner der klassischen nachempfundenen gegenwartsbezogenen „Gnadenlehre" – hier liegt ein Problem –, die er als „Theologische Anthropologie" auszudeuten versucht, eine Steilvorlage auf die Antwort nach dem Menschen, der sich selbst zur Frage wird, als Fragender offen ist und sich als Hörender vorfindet. Das „Zeitalter des Atheismus" ist dabei die Folie, von der her Pesch die Anthropologie komponiert (vgl. 157f. 164). Auch will jeder der Fragekreise in sich „unter einer bestimmten Perspektive das Ganze des christlichen Glaubenswortes über den Menschen zur Sprache bringen" (19), will jeder „das Wort der christlichen Glaubensüberlieferung über den Menschen vor dem Fragen der Gegenwart zu verstehen und zu verantworten suchen" (18f.), eine wahrhaft prometheische Aufgabe, welche die alte Metaphysik entlastet und zugleich eine zeitgemäße theologische Anthropologie ermöglichen hilft. Der Bultmannsche Satz „Will man von Gott reden, so muß man vom Menschen reden" (24) steht auch für Pesch Pate, die „anthropologische Wende" wird von Pesch offensichtlich vorschnell als anthropozentrische an den Rand gedrückt, die er in der Folge der „Wende zum Subjekt" ernst nehmen will, soll sich in den Fragekreisen verifizieren, was ihm nicht immer gelingt.

Wie stellt sich nun eine Theologische Anthropologie heute dar und wie löst Peschs Fragekreise sie ein?

Unter biblischem Aspekt sind zunächst grundsätzlich die anthropologischen Aussagen der Schrift, die Gottebenbildlichkeit wie die Sündhaftigkeit und die Berufung zum Heil zu erheben. Das Wort Gottes an den Menschen soll verständlich gemacht werden durch die Exegese der Schrift und dabei im Menschen der Dialogpartner Gottes gesehen werden. Insofern die Schrift Bezeugung des Wortes Gottes in menschlicher Sprache und Erfahrung ist, verändert und vertieft die göttliche Offenbarung das Selbstverständnis des Menschen. Unter systematischem Aspekt führt jeweils die theologische Bestimmung des Menschen auf signifikante anthropologische Aussagen hin:

Der Mensch ist Geschöpf infolge seiner kreatürlichen Bestimmung, er ist Sünder aus seiner harmatologischen Bestimmung heraus, er ist erlöst durch Christus, worin sich seine soteriologische Bestimmung zeigt, schließlich ist er zum ewigen Leben berufen, was seine eschatologische Bestimmung verrät.

Entsprechend des Schwerpunktes der eigenen Blickrichtung kann die theologische Anthropologie aus der Schöpfungslehre, aus der Christologie oder – wie bei Pesch – aus der Gnadenlehre erhoben werden. Es fällt auf, dass bei ihm die Leib-Seele-Problematik kaum eine Rolle spielt, entsprechend gering ist das Interesse an der Gottebenbildlichkeit und damit am Partner-Gottes-Sein des Menschen. Dadurch dass die anthropologische Wende bei Pesch eigentlich keine tiefere Berücksichtigung findet, die Philosophie der Subjektivität sowie die Bewußtseinsphilosophie unbedacht bleiben, findet auch die Explikation des Menschen als Existenz keinen Platz. Pesch unternimmt den ihn mit der evangelischen Tradition verbindenden Versuch, den Menschen zentral vom Wort Gottes her als der dieses Wortes bedürftigen Sünder zu bestimmen und ihn anschließend an die menschliche Selbsterfahrung als Sünder und Gerechter zugleich zu verifizieren.

Wäre es vom Ansatz her unter wissenschaftstheoretischem Aspekt und vom Aspekt der Lebenspraxis her besehen nicht redlicher gewesen, den Menschen phänomenologisch, d.h. von seiner philosophischen Selbsterfahrung auszugehen, wie Rahner und Pannenberg dies unternehmen (Anthropologie in theologischer Perspektive, Göttingen 1983), um von einer Theologie der Achtsamkeit für das Alltägliche aus die geschichtliche und religiöse Dimension menschlicher Erfahrungsmöglichkeit zu erheben und um von da aus die die spezifische Erfahrung und (Letzt-)Bestimmung des Menschen zu begreifen, von der die Schrift Zeugnis gibt?

Peschs Methodologie, die vom Wort Gottes ausgeht, nimmt damit in Kauf, dass ein Vorverständnis von dem, das eigentlich das Wort Gottes für den Menschen bedeuten kann, unreflektiert bleibt und von der Erfahrung nicht gedeckt ist, sondern deduktiv in die theologische Bestimmung des Menschen einfließt. Die hermeneutische Grundaufgabe, die „Übersetzung" der Erfahrung Gottes mit dem Menschen und des Menschen mit Gott der einmaligen biblischen Offenbarung bleibt für beide entgegengesetzten Ansätze von bleibender Bedeutung. Hier steht Rahners Versuch eines Ausgangs von der philosophischen Selbsterfahrung des Menschen zwar in Gefahr, die biblische Offenbarung auf das anthropologisch Faktische und Plausible hin zu reduzieren. Wissenschaftstheoretisch und von einem Zugang heute, der die Zeichen der Zeit berücksichtigt, scheint mir jedoch der Rahnersche Weg sympathischer. Die Schwierigkeit besteht heute hauptsächlich in der Integration heteronomer humanwissenschaftlicher Erkenntnisse in eine theologische Anthropologie, um zu einer allgemeingültigen

Bestimmung des Menschen zu gelangen, die auch der empirischen Anthropologie Genüge tut. Sympathisch ist doch auch, dass von Seiten säkularer Ansätze (etwa bei Habermas) der Horizont religiöser Erfahrung offen gehalten wird.

Mit dem zweiten Fragekreis eröffnet Pesch das Drama des Menschen, es folgen im Sünde-Erlösungsschema die klassischen Schritte, die sich vom zweiten bis zum achten Fragekreis in sich völlig schlüssig entwickeln und die Bestimmung des Menschen entsprechend beschreiben:

1. „Der Machtvoll-Machtlose Mensch- oder: der Mensch im Widerstand gegen Gott"
2. „Der Angenommene Mensch – oder: Die Rechtfertigung des Sünders"
3. „Der Verantwortliche Mensch – oder: Rechtfertigung aus Glauben allein"
4. „Der Geliebte Mensch – oder: Gottes Gnade und die menschliche Freiheit"
5. „Der gewiss gemachte Mensch – oder: Heilsgewissheit und Erfahrung der Gnade"
6. „Der Neue Mensch – oder: Gottesglaube und Ethos"
7. „Der offene Mensch – oder: Gnade und Zukunft"

4. Was heißt: Frei sein aus Gnade?

Konzise zusammengefasst entpuppt sich der Gedankengang Peschs zur Heilsdramatik des Menschen durchaus schlüssig und bleibend gegenwartsrelevant:

4.1 Sünde und Naturverderbnis

Die nachbiblische Tradition ermöglicht eine existentiale Interpretation der Sünde und Naturverderbnis, die zum einen als Fehlverhalten vor Gott, seine selbstbezogene Auflehnung gegen das Gottsein Gottes, seine Unfähigkeit, was er vor Gott soll, zum Ausdruck bringt (153.154), zum andern die Not und Verlorenheit des Menschen ohne Gott, weil in der Fremdheit und im Widerspruch zu ihm lebend (vgl.163) beschreibt, die erst von Christus her und in der Gnade ganz erkennbar ist (vgl.155. 163). Naturverderbnis ist die Kehrseite der begnadeten Existenz vor Gott (vgl. 276). Im „Zeitalter des Atheismus" (157.164) sind in einer „gebrochenen Freiheit" und einem „gespaltenem Wollen" (157) Sündenbewusstsein und Gottesgewissheit in eine Krise geraten. Werden von den Zeitgenossen im postsäkularen Zeitalter Sünde und Naturverderbnis tatsächlich phänomenal erfahren´- wie Pesch meint - (vgl. 176) oder liegt die Ursünde nicht gerade im tätigen Relativieren jeglicher Bindungen? Die Gottesfrage stellt sich dann gar nicht mehr, deshalb kann auch eine Gottesgewissheit, aus der Peschs Ansatz lebt und denkt, nicht mehr stattfinden (vgl. 182.187.196.324.328.344 „Heilsgewißheit ist (heute) existentielle Gottesgewißheit im Glauben").

Die Not der Sinnfrage weicht einer „Not der Notlosigkeit", in der die Relevanz und Radikalität der Sinnfrage relativiert (vgl. 169), damit aber zugleich auch die positive Entscheidung zu Gott und die Heilsfrage unter den Relativismus fallen, weil sie nicht durch die Lebenstat entschieden werden (vgl. 158). Die „Sinnlosigkeitserfahrung" zeigt sich mit der Erfahrung des Unheils im Faktum des Selbstherrlichen, nicht (mehr) glauben können zu wollen, weil eine Bindung an die Transzendenz abgelehnt wird, denn „der Glaube macht nicht Gott, sondern er bindet an Gott" (172). Genau dies aber lehnt der Selbstherrliche ab und darin beruht das Böse (175). Hierin besteht die Grundsünde des Menschen (170f.). Der Relativismus, den Pesch direkt nicht anspricht, relativiert selbst die in Röm 7 statuierte Unfähigkeit, das zu tun, was man will, weil man tut, was man nicht will. Nein, das Wollen selbst gerät in einen Totalrelativismus des Nicht-Wollen-Wollens. Selbst der Glaubende lebt „gläubig und ungläubig zugleich" (vgl. 285), ist mit Luther „gerecht und Sünder zugleich" (vgl. 186).

4.2 Worin besteht nun die Rechtfertigung des Sünders?

Kurz, im Angenommensein durch den gnädig-liebenden Gott, der den schuldigen Menschen liebt und bedingungslos rechtfertigt (213). Richtig ist der Mensch dann, wenn in der Anerkenntnis von Gottes Wort seine Gottesbeziehung im Glauben gerichtet ist (vgl. 212.217). Ist der Mensch gerechtfertigt, entlastet ihn dies von der Sinnsuche, weil er durch die Annahme Gottes Identität erfährt (218). Ruht aber dann wirklich auch die Sinnfrage? Der Glaube – ganz Tat des Menschen, weil ganz Tat Gottes (vgl. 242) – ist die angemessene Tunsweise des Menschen, in der er allein erfahren kann, was Gnade heißt (vgl. 219). Er lässt sich diese Glaubens-Tat im gesagten Wort schenken, worin er zugleich auch eine Antwort darauf erfährt, wer Gott für ihn ist (248).

4.3 Gottes Gnade und menschliche Freiheit

In der Gnade drückt sich heilsgerichtetes, radikal notwendig und gleichzeitig geschenktes (vgl. 284) Gottesverhältnis des Menschen aus (vgl. 281; vgl. A 388); dieses allein im Glauben erfahrbare Existential der Nähe Gottes zeigt durch die in Christus endgültig konkret gewordene Gottesgewissheit zugleich auch eine den Menschen erneuernde Wirkung (vgl. 283). Das

Interpretament, um das Wesen der Gnade Gottes Heutigen als Thema des Glaubens verstehbar werden zu lassen, findet Pesch in der Liebe Gottes: Dass Gott den Menschen liebt ist seine Gnade. (vgl. 287. 1 Kor 13,13) „'Gnade heißt: Gott liebt uns'" (288). Gnade heißt, in der Liebe Gottes – ohne allein zu sein und ohne Misstrauen, im Geborgensein leben (vgl. 321). Trifft Pesch damit nicht (vielleicht ungewollt) in die zentrale Predigt Benedikts XVI. („Deus caritas est")?

Pesch wechselt mühelos das Genre inmitten seiner eher trockenen Ausführungen zu Gnade und Freiheit mit einer eindringlichen, hinreißenden „Meditation über die Liebe Gottes" (14. Kapitel).

Die Gnade widerspricht der Freiheit nicht, sondern sie ist mit der Freiheit identisch. (15. Kapitel). Die Frage nach der Gnade ist die Frage nach Gott (vgl. 75). Die Gnade als befreiende Freiheit gibt Antwort auf die Sinnfrage (vgl. 320). Unendliches Angewiesensein drückt nicht eine Defizienz des Menschseins aus, sondern manifestiert in der Weltoffenheit seine Würde (vgl. 56). Die Freiheit ist keine autonome, sondern eine durch die Gnade – also heteronom – in Stand gesetzte, mit dem Ziel, sich auf Gott hin zu verfügen (vgl.312). Diese Freiheit lebt im Menschen aus dem Glauben (15. Kapitel IV). „Der Glaube, als Gestalt und als Grund geschenkter Freiheit, macht Mut zur Freiheit"(vgl. 319.322). Der Glaube ist die Weise, wie Freiheit erkannt wird und wie auf sie hin gelebt werden kann (vgl.324).

Die Gnadenerfahrung stellt einen Kernbegriff der Theologie Karl Rahners dar (vgl. auch 3303). Auch in Peschs Anthropologie finden sich die schönsten Ausführungen über den sündigen und zugleich gerechtfertigten und deshalb begnadeten Menschen im Kapitel über die Gnadenerfahrung, die – geistige Aktivität, nicht Erlebnis, sondern Glaube (349.352) – zugleich Heilsgewissheit, heilvolle Nähe Gottes, ist – gegenläufig zur „Not der Notlosigkeit" (vgl. 17.Kapitel (vgl. 341.343)).

Die Ausführungen zum gnadenhaften Angewiesen-sein und zur tätigen Freiheit in Co-action finden sich sinngemäß bereits in Blondels L'Action (1893), die Pesch allerdings nicht rezipiert.

Die letzte der vier Kantschen Fragen „was dürfen wir hoffen" beantwortet Pesch im 21. Kapitel nach dem „Abschied von der Verdienstlehre". Die eschatologische Struktur der Gnade – Ausgangspunkt der christlichen Ethik – besagt, dass das gute Tun niemals vergebliches ist (vgl. 408).

Der letzte Fragekreis „Rückblicke" hätte gerade auch zu Beginn wichtige Dienste getan, um zu zeigen, dass ohne die Humanwissenschaften eine theologische Anthropologie heute nur schwerlich Plausibilität beanspru-

chen kann. Dabei geht es nicht darum, mit einem „geschlossenen human-
wissenschaftlichen „Menschenbild" theologisch" in eine Verhandlung ein-
zutreten (vgl.417), sondern um die Rezeption entscheidender, gerade auch
empirischer Daten – denken wir an die Psychoanalyse, die Psychiatrie, die
Hirnforschung etc. –, deren Erkenntnisse stimulierend, integrierend und
motivierend auf die theologische Anthropologie Einfluss nehmen können.

Für die theologische Anthropologie bleibt die Verhältnisbestimmung
zu den Humanwissenschaften schwierig, da sie keine diese ergänzenden
zusätzlichen Erkenntnisse beisteuert, sondern die Ergebnisse interpretiert.
Pesch beschreibt die verschiedenen Modelle möglicher Auseinandersetzung (419ff.), respektiert zu Recht deren Erkenntniszugewinn; dabei stellt
er den Glauben als das alles umfassende über das vernünftig zu Erfassende
(422), ein Weg der in postsäkularer Zeit bei absterbender katholischer Kli-
entel schwer vermittelbar sein wird.

Johannes Brosseder[1]

Israel als Volk Gottes und die Ekklesiologie

Begonnen sei mit einer Geschichte, die der israelische Schriftsteller Amos Oz in seinem Werk „Wie man Fanatiker kuriert"[2] erzählt: „Vor vielen Jahren, als ich noch ein kleines Kind war, erklärte mir meine Großmutter in sehr einfachen Worten den Unterschied zwischen Juden und Christen – nicht zwischen Juden und Moslems, aber zwischen Juden und Christen: ‚Du siehst', sagte sie, ‚Christen glauben, daß der Messias schon einmal hier war und irgendwann wiederkommen wird. Die Juden bleiben dabei, daß der Messias noch kommen wird. Deswegen', sagte meine weise Großmutter, ‚deswegen hat es viel Zorn, Verfolgung, Blutvergießen und Haß gegeben ... Warum? Warum', sagte sie, ‚warum kann man nicht einfach abwarten und sehen was passiert? Wenn der Messias kommt und sagt ‚Hallo, schön, euch wiederzusehen', dann müssen die Juden zugeben, dass sie unrecht hatten. Wenn der Messias andererseits kommt und sagt ‚Wie geht es euch, schön euch kennenzulernen', dann müßte sich die ganze Christenheit bei den Juden entschuldigen. Bis dahin', sagte meine Großmutter, – ‚leben und leben lassen'. Sie war definitiv immun gegen Fanatismus. Sie kannte das Geheimnis, in Situationen mit ungewissem Ausgang zu leben, mit ungelösten Konflikten, mit der Andersartigkeit von Menschen umzugehen. Fanatismus beginnt – daheim. Ich sollte damit schließen, Ihnen zu sagen, daß das Gegenmittel genauso daheim gefunden werden kann"[3]. Soweit Amos Oz.

Der christliche Fanatismus gegenüber dem Judentum in theoretisch-theologischer und in praktischer Hinsicht, nach Amos Oz also „daheim" entwickelt, ist hinreichend erforscht worden und bekannt. Er begleitet die ganze Kirchengeschichte von ihren Anfängen bis in die Gegenwart. Antijudaismus und Antisemitismus prägen seit mindestens 1700 Jahren die Epochen der Kirchengeschichte, in denen die christliche Kirche faktisch zu

---

[1] Prof. Dr. Johannes Brosseder verstarb am 10. Juni 2014 und konnte den Druck seines Beitrages nicht mehr erleben. Mehr als dies schmerzt freilich die Tatsache, dass zahlreiche Ergänzungen und Weiterführungen, an denen er bis zum Ende seines Lebens arbeitete, nicht mehr eingetragen werden konnten. An Stelle eines Vermächtnisses sei darum verwiesen auf seinen Beitrag: in Johannes Brosseder, Joachim Track (Hgg.): Kirchengemeinschaft jetzt! Neukirchen-Vluyn 2010 sowie Ökumene baut Brücken. Ökumene auf dem Weg zum Reformationsjubiläum, München 2014 (Separatdruck der Bewegung: Wir sind Kirche e.V.).

[2] Amos Oz, Wie man Fanatiker kuriert. Tübinger Poetik-Dozentur 2002. Mit einer Vorlesung von Izzat Ghazzawi. Aus dem Englischen von Julia Ziegler, Frankfurt am Main 2002.

[3] Amos Oz, Wie man Fanatiker kuriert, 57–58.

einer rein heidenchristlichen Kirche geworden war und bis heute ist. Die Vertreibung Israels aus dem Heiligen Land und seine Zerstreuung unter die Völker war für die Westkirche seit Augustinus einer der Hauptbeweisgründe für die Verwerfung Israels durch Gott selbst und für den Übergang der Erwählung auf die christliche Kirche. Verblendung und Verstockung Israels und die Verantwortung Israels für Jesu Kreuzestod waren die stereotypischen dogmatischen Aussagen, wenn es um Israel ging. Die Enterbung Israels auf der ganzen Linie durch die christliche Kirche war über Jahrhunderte hinweg eines der Kennzeichen christlichen Selbstverständnisses. Die Selbstdefinition des Christentums geschah stets auf Kosten und zu Lasten des Judentums, die im so genannten christlichen Abendland zu gesellschaftlicher und politischer Diskriminierung der Juden bis hin zu Pogromen führte.

1. Gottes „ungekündigter Bund" mit Israel

Erst mit Beginn der sechziger Jahre des letzten Jahrhunderts fand „daheim", also innerhalb der christlichen Kirchen – nicht zuletzt als Folge des erst spät einsetzenden Erschreckens über das Ausmaß des Anteils des christlichen Antijudaismus am Rassenantisemitismus und der Shoah – eine grundlegende Neubesinnung statt. Das Christentum brach in dieser Neubesinnung mit seiner Jahrhunderte lang währenden antijudaistischen dogmatischen Tradition der Verwerfung Israels. Der Deutsche Evangelische Kirchentag von 1961[4] und „Nostra Aetate" des II. Vatikanischen Konzils gaben dieser Wende ihr Gesicht: „Gottes Bund mit Israel ist ungekündigt", „Gott hat sein Volk nicht verworfen", „Gottes Gnadengaben und Berufung sind unwiderruflich". Stärker kann die Abkehr vom überlieferten antijudaistischen Denken mit seiner Zentralthese der Verwerfung Israels durch Gott selbst nicht zum Ausdruck gebracht werden. Diese Neueinstellung zum Judentum ermöglichte in der Folgezeit einen äußerst fruchtbaren christlich-jüdischen Dialog. Dieser führte in den Jahren 1975, 1991 und 2000[5] zu drei Studien „Juden und Christen" der Evangelischen Kirche in Deutschland und in den evangelischen Landeskirchen zu Änderungen ihrer Grundordnungen durch die Einfügung eines entsprechenden Israel-Paragraphen.

---

[4] Der ungekündigte Bund: Neue Begegnung von Juden und christlicher Gemeinde, im Auftrag der Arbeitsgemeinschaft Juden und Christen beim [zehnten] Deutschen Evangelischen Kirchentag [Berlin, 20. bis 22. Juli 1961], hrsg. v. Dietrich Goldschmidt – Hans-Joachim Kraus, Stuttgart 1962.

[5] Christen und Juden I – III. Die Studien der Evangelischen Kirche in Deutschland 1975–2000, hrsg. im Auftrag des Rates der Evangelischen Kirche in Deutschland v. Kirchenamt der EKD, Gütersloh 2002.

Diese Neueinstellung zum Judentum brachte nach „*Nostra Aetate*" auch in der römisch-katholischen Kirche mehrere wichtige Dokumente der Deutschen Bischofskonferenz[6] und das nicht minder wichtige Wort der Bischofskonferenzen Deutschlands und Österreichs von 1988 „Die Last der Geschichte annehmen"[7] hervor; sie führte zu den intensiven Bemühungen Papst Johannes Pauls II. um eine Aussöhnung mit dem Judentum, die zum Bedeutendsten des Wirkens in seiner Amtszeit gehörten. Erinnert sei nur an seinen Besuch in der Römischen Synagoge sowie an seinen denkwürdigen Besuch in Israel und die jeweils dabei gehaltenen Ansprachen. Es wird sichtbar, wie ernst in beiden Kirchen die Abkehr vom überkommenen Antijudaismus genommen wird.

Es bleibt nur zu hoffen, dass diese in der römisch-katholischen Kirche nicht wieder durch das neue Zugehen Papst Benedikts XVI. auf die Bruderschaft Pius X. und die schon jetzt vollzogenen zahlreichen Zugeständnisse an sie[8] zusammen mit den unsäglichen Aussagen von Robert Spaemann, Gott sei kein Bigamist[9], ins Zwielicht gerückt wird.

„Daheim", um das Wort von Amos Oz noch einmal zu verwenden, ist auch im Kontext der christlichen Dogmatik einiges geschehen. Als Beispiel

---

[6] Über das Verhältnis der Kirche zum Judentum. Erklärung der Deutschen Bischöfe, 28. April 1980, hrsg. v. Sekretariat der Deutschen Bischofskonferenz, Bonn 1980; Erinnerung und Verantwortung. 30 Januar 1933–30. Januar 1983, v. 24. Januar 1983, hrsg. v. Sekretariat der Deutschen Bischofskonferenz, Bonn 1983.

[7] Berliner Bischofskonferenz – Deutsche Bischofskonferenz – Österreichische Bischofskonferenz, „Die Last der Geschichte annehmen". Wort der Bischöfe zum Verhältnis von Christen und Juden aus Anlaß des 50. Jahrestages der Novemberpogrome 1938, vom 20. Oktober 1988, hrsg. v. Sekretariat der Deutschen Bischofskonferenz, Bonn 1988.

[8] Motu Proprio Summorum Pontificum über „die römische Liturgie in ihrer Gestalt vor der 1970 durchgeführten Reform" (7. Juli 2007), das die alte sogenannte tridentinische Messe von 1570 als außerordentliche Form des römischen Ritus wieder einführte, die Paul VI. 1970 definitiv abgeschafft hatte. In der „Note des Staatssekretariats bezüglich der neuen Richtlinien des Hl. Vaters Benedikt XVI. zur Karfreitagsliturgie" vom 4. Februar 2008 wurde in dieser wiederzugelassenen tridentinischen Messe die alte antijüdische Karfreitagsfürbitte durch eine neue, nun milder gefasste, aber nichts desto weniger ebenso antijüdische Karfreitagsfürbitte ersetzt. Zur Kritik an den päpstlichen Entscheidungen siehe die jüdischen und römisch-katholischen Beiträge in dem Band: „ ...damit sie Jesus Christus erkennen". Die neue Karfreitagsfürbitte für die Juden, hrsg. v. Walter Homolka und Erich Zenger, Freiburg, Basel, Wien 2008.

[9] Robert Spaemann, Gott ist kein Bigamist. Dürfen Christen unter den Juden Mission treiben? Oder doch dafür beten, dass sie sich zu Christus bekehren? Zur Kritik der Denkfigur der zwei Bundesvölker, in: FAZ v. 20 April 2009, 29. – Siehe die Entgegnung von Michael Brenner, Gott ist kein Christ. Im neunzehnten Jahrhundert wollten die Vorkämpfer gegen den Antisemitismus die Juden noch missionieren. Heute ist das undenkbar. Eine Erwiderung auf Robert Spaemann, in: FAZ v. 28 April 2009, 31.

sei nur die neueste römisch-katholische Dogmatik von Otto Hermann Pesch[10] herangezogen. Wer die umfangreichen Darlegungen zur Christologie aufmerksam liest, dem kann nicht entgehen, mit welcher Sorgfalt hier auf jüdisches Jesusverständnis eingegangen wird, wie eine Christologie angesichts jüdischer Anfragen betrieben wird und wie in diesem Zusammenhang der überlieferte christliche Umgang mit dem Judentum kritisch zur Sprache gebracht wird. Neben der Christologie ist das Verhältnis von Christen und Juden auch in der Ekklesiologie zu behandeln, insbesondere dort, wo von der Kirche als dem Volk Gottes gesprochen wird. In der Ekklesiologie von Otto Hermann Pesch, also im 2. Band seiner Dogmatik[11], wird dieser Bezug fast ausschließlich unter Berufung auf die diesbezüglichen neutestamentlichen Gesichtspunkte, besonders der Synoptiker und des Römerbriefes, Kap. 9–11, sowie auf die Perspektiven des II. Vatikanischen Konzils, hier besonders LG 9 und 16 sowie NA 4 hergestellt, Perspektiven, die allerdings auch nicht überschritten werden. Ausdrücklich wird eine christliche Judenmission abgelehnt.

Dennoch wird generell in der (römisch)katholischen Dogmatik und auch in derjenigen von Otto Hermann Pesch etwas nicht ausbuchstabiert, was ausbuchstabiert zu werden verdient und wozu wir uns als Christen aufraffen müssen. Um was geht es?

Die in der römisch-katholischen Kirche seit dem Zweiten Vatikanischen Konzil sowie in den evangelischen Kirchen geäußerte christliche Glaubensüberzeugung, dass „Gottes Bund mit Israel ungekündigt ist", bedarf einer grundlegenden und breiten Erörterung im Blick auf die daraus sich ergebenden Konsequenzen für die christliche Dogmatik. Für eine vorurteilsfreie Erörterung stehen hier vor allem dogmatische Aussagen im Wege, die Gottes Bund mit Israel nur als „*figura*" (Vorausdarstellung) und als „*praeparatio*" jenes neuen und vollkommenen Bundes werten, „der in Christus geschlossen und der volleren Offenbarung, die durch das Wort Gottes selbst in seiner Fleischwerdung überbracht werden sollte" (LG 9). Vergleichbares wird in DV 16 und 17 in Bezug auf das Verhältnis von Altem und Neuem Testament gesagt: „Gott, der die Bücher beider Bünde inspiriert hat und ihr Urheber ist, wollte in Weisheit", und hier folgt nun ein Augustinus-Zitat, „*ut Novum in Vetere lateret et in Novo Vetus pateret*",

---

[10] Otto Hermann Pesch, Katholische Dogmatik aus ökumenischer Verantwortung. Bd. I: Die Geschichte der Menschen mit Gott (Bd. I/1 und I/2; Bd. II: Die Geschichte Gottes mit den Menschen, Ostfildern b. Stuttgart 2008–2010, so Bd. I/1, 325, 456, 497–502, 525–533, 653, 677; Bd. I/2, 13, 506, 673f., 710f.; Bd. II, 41f., 198, u.a.

[11] Bd. II, 54–62, 69–70.

„dass der Neue Bund im Alten verborgen und der Alte im Neuen erschlossen" wird (DV 16).

Mit dieser theologischen Auskunft hatte man sich über Jahrhunderte zufrieden gegeben, da die Christen das Judentum seit dem 2. Jahrhundert n. Chr. bis in die Mitte des 20. Jahrhunderts aus der Heilsgeschichte ausgeblendet hatten und eine theologische Neueinstellung zu Israel noch in weiter Ferne lag. Nun ist aber mit der christlichen Glaubensaussage, Gottes Bund mit Israel ist ungekündigt, der Bund besteht fort, etwas für die christliche Theologie Neues und Herausforderndes gesagt. Das Neue und Herausfordernde besteht darin, in der Dogmatik die Weitergeltung des Alten Bundes als eigenständige Größe theologisch auszubuchstabieren und dabei zu berücksichtigen, dass in den Bund Gottes mit seinem Volk Israel– gemäß Röm 9–11 – die „Heiden" eingepfropft worden sind, welche die Kirche „aus Juden und Heiden" entstehen ließ, die sich heute nicht als „Neuer Bund", sondern als Erneuerung dieses Bundes verstehen will. Der Alte Bund wahrt seine universale Ausrichtung, indem er den Eintritt der Völker in diesen eschatologisch erwartet, wenn am Ende der Tage alle Menschen den einen und einzigen Gott Abrahams, Isaaks und Jakobs anbeten werden. Der erneuerte Bund kennt jetzt schon den Zutritt von Menschen aus der Welt der Völker zu diesem Gott durch Jesus Christus im Heiligen Geist. Wenn der Alte Bund neben und zusammen mit dem sich selbst so verstehenden erneuerten Bund besteht, dann haben wir es faktisch mit zwei Bünden zu tun, von denen auch – wie zitiert – das Konzil in DV 16 spricht. Denn bis zum Weltenende werden sie, von ihren je eigenen Voraussetzungen aus gesehen, faktisch nebeneinander bestehen.

Das aber bedeutet, dass Christen in ihrer Theologie auch jüdisches Selbstverständnis als Fortbestehen des Bundes Gottes mit Israel in irgendeiner Weise konstruktiv mit zu bedenken haben. Deshalb die Frage: Muss nicht das Fortbestehen von Gottes Bund mit Israel die christliche Anerkenntnis einschließen, dass dem jüdischen Bekenntnis und Verständnis von Gott, seiner Offenbarung, seiner Schöpfung, seinem Heil und Erlösung stiftenden Handeln, der Theologie des Volkes Gottes und der Eschatologie, die selbstverständlich keinen christologischen Bezug haben, derselbe theologische Rang zuzusprechen ist, den die Christen diesen Themen in ihrem Bekenntnis und Verständnis mit christologischem Bezug geben? Müssten dann nicht die soteriologischen und ekklesiologischen Traktate der Dogmatik um die Perspektiven ergänzt werden, die einer nichtchristologischen Heilsvermittlung im Glauben Israels aufgrund der fortdauernden Geschichte Gottes mit seinem Volk ihr auch christlich zugestandenes inneres

Recht einräumen? Diese Fragen drängen sich auch unter dem Gesichtspunkt auf, dass jedenfalls die amtlichen Äußerungen der evangelischen und der römisch-katholische Kirche sowie die Theologen beider Kirchen mit überwältigender Mehrheit eine Judenmission ablehnen. Wenn Gott zu seinem Bund mit Israel steht, ist es dann für die christliche Theologie wirklich zwingend, diesem Bund lediglich eine figürliche und präparatorische Funktion für den erneuerten Bund aus Juden und Heiden in Jesus Christus als dem vollkommenen Bund zuzusprechen? Ist die traditionelle christliche Behauptung der Überbietung des Alten Bundes im Selbstverständnis der Kirche, von der auch in Dogmatik von Otto Hermann Pesch gesprochen wird, wirklich unumgänglich? Wäre eine solche Sicht nicht gleichzeitig eine christliche Kritik am Handeln Gottes, der zu seinem Bund mit Israel steht? Wenn man sich einmal auf die Frage wirklich einlässt, was es denn für die christliche Theologie ausbuchstabiert bedeutet, zu bekennen: „Gottes Bund mit Israel ist ungekündigt", dann sieht man die große Herausforderung, vor der die christlichen Kirchen stehen. Dieser neue christliche Glaubenssatz soll doch offenkundig nicht bloß eine israelfreundliche Floskel sein und inhaltlich eigentlich nichts besagen. Wenn er aber inhaltlich gefüllt wird, dann stellen sich grundlegende Fragen mit vielen Folgefragen, von denen nur zwei im Folgenden ein wenig aufgeschlüsselt werden sollen. Grundlegend geht es hierbei um die christliche Anerkenntnis, dass Gott mit seinem Volk Israel eine eigene Heilsgeschichte hat. Den Blick auf diese dürfen Christen weder in ihrer Theologie noch in Predigt und Katechese versperren, sie haben vielmehr ihre Augen offen zu halten und ihren Blick darauf zu richten. Das erfordert nicht zuletzt der Respekt vor Gottes Geschichte mit Israel. Dieser impliziert einerseits den Verzicht auf christliche Mission an Israel und andererseits die christliche Anerkenntnis im Glauben von Gottes Weg mit seinem Volk. Christen ihrerseits bezeugen dankbar Gottes Weg mit den Völkern, den er in Jesus Christus und seinem Geist mit ihnen gegangen ist und noch geht. Dieser Weg verbietet christliche Überheblichkeit gegenüber dem Judentum und dessen theologische Minderqualifizierung oder sogar Ausblendung. Die vielen hier sich stellenden Fragen stoßen auf eine Lücke in der Dogmatik, die es zu schließen gilt. Hier gilt es das sachliche Gewicht der neuen theologischen Einsichten und kirchenamtlicher Äußerungen zum Verhältnis von „Israel und Kirche" zu erarbeiten.

2. Heilige Schrift und deren Normativität

Die ersten christlichen Texte sind, phänomenologisch gesehen, ausnahmslos außerkanonische Texte der jüdischen Religionsgeschichte. Später wurden diese Schriften von der christlichen Kirche zu einem zweiten Kanon neben den (alttestamentlichen) Kanon[12] gestellt. Altes und Neues Testament zusammen sind bis heute für alle christlichen Kirchen „Heilige Schrift", die als *„norma normans non normata"* alles in den christlichen Kirchen Bestehende in Lehre, in Bekenntnis und Dogma, in der Liturgie, im Glaubensvollzug, in der Diakonie, in den kirchlichen Ordnungen usw. bestimmen soll. Sieht man genauer hin, ist es faktisch allein das Neue Testament mit seiner Lesart des Alten Testaments, das als Norm begriffen wird. Dieses selbst aber kannte als seine eigene Norm nur das Alte Testament. Hier liegt ein Problem, auf das näher einzugehen ist. In der Lesart der Heiligen Schrift durch die christliche Kirche normiert das Neue Testament das Alte Testament; im Neuen Testament selbst aber soll das Alte das Neue normieren[13]. Man könnte diesen Sachverhalt auch so formulieren: In der Lesart der Heiligen Schrift durch die christliche Kirche dominiert die Auslegung das Ausgelegte, die Auslegung im Neuen Testament aber will sich selbst dominieren lassen vom Ausgelegten, vom Alten Testament und will so die Kontinuität herstellen. Innerhalb der Heiligen Schrift der christlichen Kirche, die Altes und Neues Testament umfasst, entsteht durch die historisch-kritische wissenschaftliche Erforschung von Altem wie Neuem Testament so notwendig ein Normenkonflikt; denn auch für das Alte Testament allein gilt uneingeschränkt die in der protestantischen Theologie entwickelte und in der katholischen Theologie erst seit *„Divino afflante Spiritu"* von 1943 über „Dei Verbum" des Zweiten Vatikanischen Konzils von 1965 bis hin zu „Die Interpretation" der Bibel in der Kirche von 1993 auch kirchlicherseits anerkannte und mit starken Worten unterstützte historisch-kritische Methode als Basismethode der Schrifterklärung. In *„Dei Verbum"* Nr. 12 heißt es: „Da Gott in der Heiligen Schrift durch Menschen nach Menschenart gesprochen hat, muß der Schrifterklärer, um zu erfassen, was Gott uns mitteilen wollte, sorgfältig erforschen, was die heiligen Schriftsteller wirklich zu sagen beabsichtigen und was Gott mit ihren Worten kundtun wollte. – Um die Aussageabsicht des Hagiographen zu ermitteln, ist neben anderem auf die literarischen Gattungen zu achten; denn die

---

[12] Der Abschluss der Kanonbildung des Neuen Testaments erfolgte in den letzten beiden Jahrzehnten des 4. Jahrhunderts.
[13] Siehe die vielen neutestamentlichen Belege zu „gemäß der Schrift" oder „wie die Schrift sagt bzw. vorhergesagt hat" usw.

Wahrheit wird je anders dargelegt und ausgedrückt in Texten von in verschiedenem Sinn geschichtlicher, prophetischer oder dichterischer Art, oder in anderen Redegattungen. Weiterhin hat der Erklärer nach dem Sinn zu forschen, wie ihn aus einer gegebenen Situation heraus der Hagiograph den Bedingungen seiner Zeit und Kultur entsprechend – mit Hilfe der damals üblichen literarischen Gattungen – hat ausdrücken wollen und wirklich zum Ausdruck gebracht hat. Will man richtig verstehen, was der heilige Verfasser in seiner Schrift aussagen wollte, so muss man schließlich genau auf die vorgegebenen umweltbedingten Denk-, Sprach- und Erzählformen achten, die zur Zeit des Verfassers herrschten, wie auf die Formen, die damals im menschlichen Alltagsverkehr üblich waren". Im unmittelbaren Anschluss an diesen Text werden Prinzipien genannt, die mit dem zitierten Text in Übereinstimmung stehen, aber eben auch solche, die – unter Berücksichtigung der in diesem Beitrag erörterten Fragestellung – nicht bruchlos mit ihm in Übereinstimmung gebracht werden können bzw. ihnen widersprechen. Problemlos kann mit dem zitierten Text in Übereinstimmung gebracht werden die Aussage, dass „die Heilige Schrift nur in dem Geist gelesen und ausgelegt werden muß, in dem sie geschrieben wurde".[14] Das bedeutet,[15] dass die biblische Wahrheit an der Aussageabsicht des oder der Hagiographen hängt, in der sich Gottes Aussagewille kundtut; es bedeutet ferner, dass jede historisch-kritisch erarbeitete biblische Aussage „echter *sensus pneumaticus*" ist[16] und dass deshalb eine vom echten „*sensus auctoris*" (theologisch präziser wäre es, vom *sensus operis* zu sprechen) losgelöste Deutung *Eisegese* und nicht Exegese ist;[17] „(d)as, was nachweisbar der „*sensus*" des menschlichen Verfassers gewesen ist, muß immer der Ausgangspunkt für die Frage nach der Heilsbotschaft Gottes für uns sein".[18] Deshalb ist historisch-kritische Exegese als solche theologische Exegese, weil es um den „*sensus divinus in sensu humano*" geht.[19] Das Genannte gilt selbstverständlich auch für das Alte Testament allein. Mit historisch-kritischer Methode kann die Aussageabsicht des oder der Hagiographen der Schriften des Alten Testaments ermittelt werden, ebenso kann mit historisch-kritischer Methode das Verständnis des Alten Testaments

---

[14] DV 12.
[15] Darauf hat schon Aloys Grillmeier, Dogmatische Konstitution über die göttliche Offenbarung (Constitutio Dogmatica de divina Revelatione 'Dei Verbum'). Kommentar zum III. Kapitel, in: LThK-Erg.-Bd. I (21967), 551 hingewiesen.
[16] Ebd. 552.
[17] Ebd.
[18] Ebd. 554.
[19] Ebd. 555.

bei den Autoren des Neuen Testaments untersucht werden. Da den Autoren des Neuen Testaments nur das Alte Testament Heilige Schrift war, wir aber heute den *„sensus"* der Aussagen der menschlichen Verfasser des Alten Testaments im historischen Sinn selbstverständlich genauer erfassen können, als dies damals zur Zeit der Entstehung der außerkanonischen jüdischen Literatur, die zum späteren Neuen Testament avancierte, der Fall war, verschärft sich das Normenproblem für die christliche Theologie und Kirche. Wenn jede vom echten *„sensus auctoris" (operis)* losgelöste Deutung *Eisegese* und nicht Exegese ist, dann gilt – bezogen auf das Verhältnis von Altem Testament und Neuem Testament –, dass das Neue Testament selbst auf weite Strecken durch Züge der *Eisegese* gekennzeichnet ist. Die – historisch gesprochen – neutestamentliche *Eisegese* verstand sich selbst jedoch als Exegese wichtiger für sie selbst kanonischer Schriften. Ist diese (damalige) objektive *Eisegese*, die sich subjektiv als Exegese verstand, auf – auch heute verantwortbare – Exegese hin offen, um das Eigengewicht der Hebräischen Bibel anzuerkennen und damit die theologische Grundlage dafür zu legen, dass Christen das Judentum mit seiner Lesart des Alten Testaments als Heilsgeschichte Gottes mit seinem Volk wirklich überzeugend respektieren können? In welchem Sinne ist die Heilige Schrift Grundlage der christlichen Lehre? Im Sinne des echten, historisch-kritisch ermittelten *„sensus auctoris"* des Alten Testaments oder nur im Sinne des neutestamentlichen Rezipienten und Lesers alttestamentlicher Texte? Wenn die Heilswahrheit des Wortes Gottes gebunden wird an den echten *„sensus auctoris"*, dann gibt es zumindest objektiv den Konflikt zwischen dem „sensus auctoris" alttestamentlicher Texte und dem *„sensus auctoris"* neutestamentlicher Texte. Für die kirchliche Lehre gelten die Bücher des Alten wie des Neuen Testaments in ihrer Ganzheit und mit allen ihren Teilen als heilig und kanonisch, weil sie unter Einwirkung des Heiligen Geistes geschrieben worden sind (DV 11; und durchgängig die reformatorische Schriftauslegung). Diese Bücher lehren sicher, getreu und ohne Irrtum die Wahrheit, die Gott um unseres Heiles willen in heiligen Schriften aufgezeichnet haben wollte (DV 11). Diese Schriften enthalten das Wort Gottes und, weil inspiriert, sind sie wahrhaft Wort Gottes (DV 24); es ist der von Gott der Kirche gegebene Auftrag und Dienst, dieses Wort Gottes zu bewahren und auszulegen (DV 12); das römisch-katholische Lehramt wie reformatorische Schriftauslegung stehen nach ihrem Selbstverständnis dabei nicht über dem Wort Gottes, sondern dienen ihm (DV 10). Martin Luther sagt dasselbe folgendermaßen: *„Haec (= sacra scriptura) Regina debet dominari, huic omnes obedire et subiacere debent. Non eius Magistri, Iudices* *seu Arbitri, sed simplices testes, discipuli et confessores esse debent, sive sit Papa, sive Lutherus, sive Augustinus, sive Paulus, sive Angelus e coelo, Neque alia doctrina in Ecclesia tradi et audiri debet quam purum verbum die.*[20] Kirchliche Lehrtätigkeit versteht sich dabei so, dass nichts gelehrt wird, als was überliefert ist, weil das Wort Gottes aus göttlichem Auftrag und mit dem Beistand des Heiligen Geistes voll Ehrfurcht gehört, heilig bewahrt und treu ausgelegt wird (DV 10).

Was dies für die binnenchristliche Lehrentwicklung im Einzelnen bedeutet, muss hier nicht erörtert werden, sondern sei hier nur für die binnenchristliche Glaubenssprache in Bezug auf das Judentum erörtert. Hier ist der Hinweis auf den „Normenkonflikt" innerhalb der Heiligen Schrift wichtig, der mit dem ebenso zum Grundbestand kirchlicher Lehre gehörenden *„sensus auctoris"* als Wort Gottes entsteht, wenn gesagt wird, dass der Alte Bund den Neuen Bund „vorbereitet" (*praeparare* in DV 14; DV 15), dass der Alte Bund den Neuen „in Vorbildern" (*typis*) anzeigt (DV 15), dass der Alte Bund erst im Neuen seinen vollen Sinn erhält (DV 16), und dass in den Schriften des Neuen Bundes Gottes Wort „zu einzigartiger Darstellung und Kraftentfaltung" (DV 17) kommt, als die Fülle der Zeit kam (DV 17).[21] Trotz aller Hochschätzung, die dem Alten Testament in DV 14-16 zum Ausdruck gebracht wird, verbleibt es in der inferioren Stellung des Präparatorischen auf das Eigentliche des Neuen Bundes hin, wie das in den bekannten überlieferten Wortpaaren Verheißung – Erfüllung, Alt – Neu, Vorbereitung – Ziel usw. ausgedrückt wird, wodurch eine theologische Neueinstellung zum Judentum erschwert wird..

Dies gilt auch dann, wenn gesagt wird, nur wer die Themen des Alten Testaments kenne, wisse, wovon das Neue Testament spricht.[22] Das Judentum hat aber ein Anrecht darauf, in der Hebräischen Bibel, christlich gesprochen, den heilshaften *„sensus divinus"* im *„sensu humano auctoris bzw. auctorum"* zu vernehmen, ohne akzeptieren zu müssen, dass erst die neutestamentliche Lesart der Hebräischen Bibel den vollen Sinn des Alten Testaments erschließt. In DV 11–13 wird z. B. das hohe Lied der historisch-kritischen Methode gesungen, die den *„sensus divinus"* an den *„sensus humanus auctoris bzw. auctorum"* bindet. Das gilt sowohl für die Schriften des Alten Testaments im Einzelnen wie im ganzen (einschließlich

---

[20] WA 40 I, 120, 25–29.

[21] Zum Ganzen siehe auch DV 3 und 4.

[22] Vg. Beda Rigaux, Dogmatische Konstitution über die göttliche Offenbarung (Constitutio Dogmatica de divina Revelatione 'Dei Verbum'). Kommentar zum IV. Kapitel, in: LThK-Erg.-Bd. I (21967), 562 zu DV 16.

auch von der inner-alttestamentlichen Relecture älterer Texte durch jüngere) wie auch für die Schriften des Neuen Testaments und dessen Lesart des Alten Testaments.

Die hier gegebenen Möglichkeiten christlicher Theologie für eine adäquate Fundierung der Neueinstellung zum Judentum sind noch längst nicht ausgeschöpft. Wie aber könnte eine solche Fundierung näherhin aussehen? Dazu einige Hinweise, die mehr als Fragen denn als Antworten verstanden werden wollen. Ob sie wirklich weiterführend sind, wird sich zeigen. Eine Diskussion darüber ist aber dennoch lohnend.

Wenn die christliche Kirche Altes und Neues Testament zusammen als für sie verbindliche Heilige Schrift und als Norm ihres gesamten Lebensvollzuges, als *„norma normans non normata"* begreift, dann übernimmt sie ja auch die Tatsache, dass die Autoren und Redaktoren des Neuen Testaments ihrerseits unter Heiliger Schrift nur den Kanon bzw. Schriften des Alten Testaments begriffen; gewiss lasen die neutestamentlichen Autoren bzw. Redaktoren das Alte Testament christologisch. Dabei glaubten sie, das Alte Testament „richtig" zu lesen. Durch die historisch-kritische Methode ist aber ein so unendlich großer Reichtum an Einsichten in originäres alttestamentliches Denken, Glauben und Bekennen erschlossen worden, dass dieses auch unabhängig von seiner neutestamentlichen Lesart und neben dieser innerhalb der christlichen Kirche alleine deshalb ein Recht auf eigenständiges Gehör haben muss, weil schon die neutestamentlichen Autoren und Redaktoren sich „der Schrift" verpflichtet wussten.

Diese Verpflichtung der neutestamentlichen Autoren und Redaktoren ist mindestens so ernst zu nehmen wie deren Lesart. Lässt man sich nun auf die Verpflichtung der neutestamentlichen Autoren und Redaktoren ein, dann kommt man heute selbstverständlich mit Hilfe des Instrumentariums wissenschaftlicher Textanalysen zu anderen Ergebnissen bei der Lektüre alttestamentlicher Texte als die neutestamentlichen Leser „der Schrift" damals; von dieser Seite her führt jedenfalls kein direkter Weg zu einer christologischen Lesart alttestamentlicher Texte. Zu einer christologischen Lesart des Alten Testaments kommt man nur über die Schiene der neutestamentlichen Lesart alttestamentlicher Texte. Die Verpflichtung der christlichen Kirche ist – von diesen Überlegungen her gesehen – doppelt: Die Verpflichtung auf die Verpflichtung der neutestamentlichen Autoren und Redaktoren führt heute also konsequent zu einer nichtchristologischen Interpretation des Alten Testaments und lässt das Alte Testament das sein, was es selbst sein und was es selbst sagen will. Sie lässt das Alte Testament als solches in Geltung. Die Verpflichtung auf die Lesart des Alten Testaments durch die neutestamentlichen Autoren und Redaktoren führt aber auch heute noch genau so konsequent zu einer christologischen Lesart des Alten Testaments. Beide Verpflichtungen sind dem Neuen Testament entnommen; sie stimmen überein mit der reformatorischen Schriftexegese sowie mit der Verpflichtung des Zweiten Vatikanischen Konzils auf die historisch-kritische Methode zur Ermittlung des Sinnes des Wortes Gottes im jeweiligen *„sensu humano"*. Sie führen aber zu unterschiedlichen, ja entgegengesetzten Ergebnissen. Können diese Ergebnisse innerhalb der christlichen Kirche zusammen gleichwertig nebeneinander stehen und so auf neue Weise als Heilige Schrift von Altem und Neuem Testament zusammen *„norma normans non normata"* sein? Der Versuch sei gewagt, wenngleich zögerlich und noch nicht genau wissend, wohin dies führt, diese Frage doch mit einem eindeutigen Ja zu beantworten.

Würde das Alte Testament als Altes Testament in gleicher Weise gültig neben dem Neuen Testament in der christlichen Kirche stehen, dann stünden nichtchristologische Lesart (AT) und christologische Lesart des AT (NT) als Heilige Schrift und Norm der christlichen Kirche in derselben Weise gültig nebeneinander. Dies schließt nicht aus, dass Juden und Christen sowohl ihre gemeinsame wie ihre je eigene Geschichte mit Gott haben und aus christlicher Sicht die Verheißungen, die in Kreuz und Auferstehung Jesu Christi allen zum Heil gegeben sind, allen Völkern gelten und das jüdische Volk nicht ausschließen, wie auch das Judentum in der eschatologischen Völkerwallfahrt eine universale Heilshoffnung bereit hält.

Auf den ersten Blick scheint dies dann zu für Christen unerträglich erscheinenden Spannungen zu führen. Das aber ist für sich allein genommen noch kein Argument gegen diesen Versuch, weil ja schon das Neue Testament allein auch mit nicht harmonisierbaren Spannungen ausgestattet ist, die dennoch letztlich in Jesus Christus zusammengebunden sind, in dem das ganze Neue Testament seine innere Mitte hat. Christen sind also objektiv von ihrer judenchristlichen Grundlage des Neuen Testaments schon daran „gewöhnt", mit solchen Spannungen zu leben, wenngleich sie diese immer wieder in ihrer Dogmatik verschwiegen, oder sie zu harmonisieren oder in ein „System" zu bringen versucht haben. Die Christologie der Dogmatik will natürlich spannungsfrei sein. An den Spannungen innerhalb der neutestamentlichen Aussagen selbst ändert dies nichts. Grundsätzlich würde sich für die Christen formal, d.h. dass es Spannungen, nichts ändern, wenn das Alte Testament mit seiner eigenen Stimme als gleichwertig und in derselben Weise gültig wie das Neue Testament angesehen wird. Wie die Widersprüche des neutestamentlichen Schrifttums in Jesus Christus zusammengebunden sind, so sind die Widersprüche zwischen Altem Testament und Neuem Testament, zwischen Christen und Juden, durch Gott, der sich für Christen in Jesus Christus geoffenbart hat, selbst zusammengehalten. Es ist ein und derselbe einzige Gott, der Gott Abrahams, Isaaks und Jakobs, der im Alten Testament und im Neuen Testament bezeugt wird. Durch den hier vorgeschlagenen Versuch, das Alte Testament auf derselben Ebene und auf demselben Rang neben dem Neuen Testament stehend anzusehen, würde zudem deutlich, dass auch die neutestamentlichen Christologien und die neutestamentliche christologische Lesart des Alten Testaments nicht unabhängig und losgelöst von dem Gottesbekenntnis Israels, wie es im Alten Testament zum Ausdruck kommt, getätigt wurden. Die durchgängige Bezogenheit der Christologie auf die „Theologie" im engeren Sinne dieses Wortes könnte somit bleibend zum Ausdruck gebracht werden. Diese Sichtweise hätte wichtige Konsequenzen: Da die Christen eine Dogmatik kennen und für sie selbst die Unwiderruflichkeit des Bundes Gottes mit Israel grundlegender Bestandteil ihres eigenen Glaubens ist, müsste die Dogmatik ergänzt werden um die „Lehre" Israels und des Judentums von Gott, seinem Handeln, vom Heil, von der Erlösung und Befreiung, vom Volke Gottes, vom Land, von der Eschatologie usw., wie dies im Alten Testament vielfältig beschrieben und im Judentum durch dessen ganze Geschichte hindurch bis in unsere Tage vielgestaltig bezeugt wird. Gleichzeitig müsste in einer neuen Dogmatik eine Theologie Israels/des Judentums essentieller und integraler Bestandteil ihrer selbst in der hier angedeuteten Richtung des gleichzeitigen bleibenden Nebeneinanders in Rang und Würde mitentwickelt werden, um der verpflichtenden Norm der Heiligen Schrift Alten und Neuen Testaments in der christlichen Kirche wirklich zu entsprechen. Mit dem hier entwickelten Vorschlag ist selbstverständlich nicht gemeint, auf diese Weise das Judentum dem Christentum einzuverleiben. Das „aus den Völkern" bzw. „aus den Heiden" bestehende Christentum hat nicht das Recht, sich „das Volk" einzuverleiben; aber unter „den Völkern" muss der Ursprung aus „dem Volk" mit all dem, was zu diesem Ursprung als Ganzem und in seiner gegenwärtigen jüdischen Bezeugung gehört, in derselben Weise geachtet und verehrt werden wie die judenchristliche neutestamentliche Lesart dieses Ursprungs, wobei die historisch verständliche judenchristliche Polemik gegen die Majorität des damaligen Judentums von den „Heidenchristen" so nicht einfach übernommen werden kann. Diese Polemik ist deshalb zu verabschieden, weil innerjüdische Auseinandersetzungen zur Zeit Jesu sich nicht auf die Beziehungen des „Heidenchristentums" zum „Judentum" übertragen lassen. Dieser Problemkreis kann aber hier nur angedeutet, nicht aber näher dargelegt werden.

Wenn das Alte Testament und das gegenwärtige Judentum, das ja die Thora als Evangelium versteht, so, wie hier zu entwickeln versucht wurde, in der christlichen Kirche gesehen werden können, können Christen auch den jüdischen Gottesdienst und jüdisches Beten neu und vertieft verstehen lernen. Jedes Gebet ist Antwort auf Gottes Wort, als Dank, Lob und Bitte; jedes Gebet richtet sich immer unmittelbar an Gott selbst. Christen beenden ihr Gebet mit „Ehre sei dem Vater, durch den Sohn im Heiligen Geist". Christen dürften eigentlich keine Probleme haben, wenn sie – neben ihrem eigenen Gebet zu Gott „durch Jesus Christus" – im Gottesdienst und Gebet der Juden das Beten „wie Jesus" und „mit Jesus" sehen können. Das „wie Jesus" hätte ja im „Vaterunser" („wie der Herr uns zu beten gelehrt hat ...") sein Vorbild. Auf diese Weise könnte derselbe Adressat des Gebets den inneren Zusammenhang des christologisch vermittelten Heils im christlichen Glauben mit dem jüdischen Bekenntnis des nicht-christologisch vermittelten Heils durch Gott sichtbar machen. Letzteres bezeugen Juden vom Alten Testament an bis in unsere Gegenwart kontinuierlich. „Für das Volk", für Israel, ist dieses Heil in derselben Weise gegeben wie die Kirche aus „Juden und Heiden" es im christologisch vermittelten Heil in der Welt der „Völker" bezeugt.

Diese Ausführungen sind verfasst mit der Absicht, der Heiligen Schrift Israels und damit dem Judentum innerhalb der christlichen Kirche den Rang zukommen zu lassen, der ihnen gebührt. Durch die Betonung der bleibenden Gültigkeit des Alten Testaments als solches zusammen mit dem Neuen Testament und seiner Lesart des Alten Testaments kann innerhalb der christlichen Kirche sowohl der historische Ausgangspunkt des Christentums wie zugleich der gegenwärtige theologisch-systematische Ort der bleibenden Erwählung Israels zusammen genommen deutlicher ins Bewusstsein gerückt werden. Ohne Israel keine Kirche; das gilt auch heute. Kirche bleibt nur Kirche mit und neben Israel, dessen unwiderrufliche Erwählung zu den Grundlagen ihrer Botschaft von der Treue Gottes und der Untreue der Menschen gehört. Ihrer eigenen Untreue ist sich die christliche Kirche schmerzhaft bewusst geworden. Die Botschaft von der Treue Gottes und der Untreue der Menschen aber verdankt sie Israel, damals wie heute.

3. Jüdisches Gottesverständnis und christliche Trinitätslehre

Zwischen dem 1. (juden)christlichen Jahrhundert und den (heiden)christlichen Zeiträumen des 4. und 5. Jahrhunderts haben sich Wandlungen vollzogen, die für unsere Fragestellung von ganz besonderem Gewicht sind. Das Judenchristentum mit seiner Polemik gegen seine eigenen Landsleute war im 4. und 5. Jahrhundert zwischenzeitlich vom Heidenchristentum nahezu gänzlich abgelöst worden. Die Heidenchristen übernahmen die judenchristliche Kritik und Polemik gegen die jüdische Majorität und systematisierten sie geradezu (insbesondere Augustinus), ohne sie als innerjüdische Auseinandersetzung wirklich wahrnehmen und verstehen zu können. Bei aller Kontinuität der Berufung sowohl von Judenchristen im 1. Jahrhundert wie von Heidenchristen im 4. und 5. Jahrhundert auf Jesus wurde im 4./5. Jahrhundert die Diskontinuität der theologischen Sprache und der religiösen Ausdrucksformen zu den religiösen „Sets" der Judenchristen des 1. Jahrhunderts als Juden nicht wirklich wahrgenommen. In den heftigen Auseinandersetzungen des Heidenchristentums – andere Gründe seien hier außer Acht gelassen – mit dem Judentum[23] sind die Judenchristen faktisch aufgerieben worden. Infolge der Übernahme der innerjüdischen Auseinandersetzungen des 1. Jahrhunderts[24] durch die Heidenchristen im 4./5. Jahrhundert wurde nun aus einer innerjüdischen Polemik, also aus einem Streit innerhalb „des Volkes", eine Polemik „der Völker" gegen „das Volk". Heidenchristen hatten aber nach dreihundert Jahren keinen originären Zugang zum jüdischen Verständnis dieser jüdischen Quellen. Dieser Unterschied konnte aber wegen ihrer eigenen Kontextgebundenheit auch nicht so richtig wahrgenommen werden. Dies gilt unbeschadet dessen, dass der Hellenismus auch im Judentum und für es selbst keine unbekannte Größe war und es eine bedeutsame jüdisch-hellenistische Theologie gab. Die Trennung war aber schon so weit fortgeschritten, dass die hier liegenden möglichen Anknüpfungspunkte nicht aufgegriffen wurden. Die Heidenchristen wollten dem Gott die Treue wahren, der ihnen in den apostolischen Schriften unter Rekurs auf Jesus nahegebracht worden war. Unter Berufung auf Jesus feierten sie ihren Gottesdienst, sprachen sie ihren Glauben aus und richteten ihr Leben ein. Die Heidenchristen entnahmen den judenchristlichen Quellen Sichtweisen, Bezeichnungen, Metaphern und Begriffe, die sie mit

---

[23] Siehe die altkirchliche Adversus Judaeos Literatur.

[24] Siehe Karl Heinrich Rengstorf, Das Neue Testament und die nachapostolische Zeit, in: Karl Heinrich Rengstorf – Siegfried von Kortzfleisch (Hg.), Kirche und Synagoge. Handbuch zur Geschichte von Christen und Juden, Bd. I, Stuttgart: Klett, 1968, hier 23–83, hier 23–50.

ihren eigenen Denkrastern und Denkschemata reflektierten. Das führte natürlich zu einer Glaubenssprache, die als Sprache verschieden war von ihrer judenchristlichen Vorlage.

Wenn in den judenchristlichen Quellen von einem christologischen Komparativ gesprochen wird, so ist das – da von Judenchristen gesprochen – natürlich nur zu verständlich, da es gerade Jesus war, der ihnen den Sinn der Schrift erschloss und nicht irgendein anderer Prophet etc. Insofern ist Jesus für sie „mehr als" ein Prophet (Mt 11,9; Lk 7,26), mehr als Jona (Mt 12,41), mehr als Salomo (Mt 12,42), mehr als unser Vater Jakob (Joh 4,12).

Werden diese Stellen von Heidenchristen der späteren Kirche gelesen, werden sie im Kontext des heidenchristlichen heilsgeschichtlichen Urteils der Verwerfung Israels und der Erwählung der Kirche gelesen und dienen im Zusammenhang der Entwicklung und Definition hellenistisch-philosophisch durchbuchstabierter Christologie und Trinitätslehre dafür als sachliche Belege. Nun wird von der „metaphysisch" durchbuchstabierte Christologie und Trinitätslehre, die ja tatsächlich ein erheblich anderes Aussehen hat als die Rede von Gott und Jesus in den judenchristlichen Vorlagen hat, öfters gesagt, hier läge mehr oder weniger eine Verfälschung der originären Botschaft vor[25].

Versetzt man sich aber in die Lage der Heidenchristen, kann man es auch anders sehen. Ihre Absicht war es doch, der ihnen unter Rekurs auf Jesus Christus nahegebrachten Gottesbotschaft Glauben zu schenken und so dem einen und einzigen Gott Israels die Treue zu wahren. Indem sie dies versuchten, vermochten sie ihr Bekenntnis zu dem einen und einzigen Gott aber nicht zu formulieren, ohne den mit zu nennen, dem sie diese Botschaft letztlich verdankten, nämlich Jesus Christus. Das historische Problem, dass Jesus selbst sich nur an Israel und nicht zu den Völkern gesandt wusste, kann hier außer Betracht bleiben, da die urchristliche Predigt als Verlängerung der Predigt Jesu in der Welt der Völker zunehmend Gehör fand. Der (heiden)christliche Lobpreis des Gottes Israels konnte an die einzigartige Bedeutung, die Jesus in seinem (juden)christlichen Jüngerkreis für die Erschließung des Verständnisses dieses Gottes hatte, anknüpfen. Im Gotteslob wurde der mitgepriesen, der dieses für die Völker ermöglicht hat. Dass dieses Gotteslob im Geiste des Gottes Israels sich vollzog und nicht im Geiste der Götter Griechenlands, Roms, Ägyptens oder Babylons, macht die Ausbildung der (heiden)christlichen Trinitätslehre auch historisch geradezu unumgänglich.

---

[25] Z.B. Karl-Heinz Ohlig, Ein Gott in drei Personen? Vom Vater Jesu zum „Mysterium" der Trinität, Mainz 1999.

Wie aber konnte es kommen, dass Christologie und Trinitätslehre zum den (heiden)christlichen Antijudaismus organisierenden theologischen Prinzip wurden? Dazu bedarf es einer weiteren Erwägung, die u.w. bisher noch nicht für diesen Zusammenhang fruchtbar gemacht worden ist. Wenn das Judentum und mit ihm die judenchristlichen Autoren der Schriften, die wir Neues Testament nennen, die Menschheit als ganze, oder abstrakt formuliert, Universalität bedachten, dann bestand die ganze Menschheit, vom Blickwinkel des Judentums betrachtet, aus „dem Volk" und „den Völkern". Stellvertretend für die Völker betete Israel, das Volk, aber jetzt schon zu dem einen und einzigen Gott. In diesem Volk wurde die Hoffnung gehegt, dass am Ende der Tage alle Völker zu diesem einen und einzigen Gott sich wenden werden, um ihn zu loben und zu preisen. Die ganze Menschheit wurde also als aus „dem Volk" und „den Völkern" bestehend gedacht. Mitten unter den Völkern und stellvertretend für sie preist Israel aber schon seit Jahrhunderten vor Jesu Auftreten Gott als den, der am Ende der Tage seine Herrschaft errichten wird und den in der Endzeit dann auch alle Völker anbeten werden.

Für Judenchristen aber wurde in dem Osterereignis der Beginn der Endzeit gesehen und die Bekehrung von „Heiden" bestätigte ihnen diese Perspektive. Klassischer Ausdruck dieses Sachverhalts ist der Taufbefehl an die Jünger in Mt 28,19, der ausdrücklich an die Völker, aber nicht an das Volk gerichtet ist.

Die Heidenchristen aber dachten als Menschen aus ihren jeweiligen Völkern zusammen mit diesen die Menschheit als ganze bzw. Universalität aus einer anderen, entgegengesetzten Perspektive. Für sie bestand die Menschheit als ganze aus allen Menschen bzw. aus allen Völkern, da unter Hinsicht auf Universalität die Unterscheidung zwischen dem Volk, dem man selbst angehörte, und den anderen Völkern nicht konstitutiv war. Alle Menschen, alle Völker aber preisen in der heidenchristlichen Perspektive jetzt schon durch die einzige Mittlerschaft Jesu Christi den einen und einzigen Gott. Diese Perspektive gewann selbstverständlich an Gewicht, nachdem das Christentum Staatsreligion geworden war. Aus diesem Blickwinkel sperrte sich nur ein einziges Volk noch gegen die Akzeptanz dieser Mittlerschaft. Der letztere Gesichtspunkt machte die judenchristliche Polemik im heidenchristlichen Raum unter ganz anderen Voraussetzungen plausibel und führte zu deren Übernahme, Verschärfung und theologischen Systematisierung mit den vielen negativen Folgen und Spätfolgen, die damit für das Judentum in den christlichen Gesellschaften der Völker, unter denen das Volk lebte, verbunden waren.

Da im heidenchristlichen Raum das gesamte intellektuelle und spirituelle Ringen sich auf die Person dieses „Vermittlers" richtete, wurde die jüdische Ablehnung dieses Vermittlers als Abfall von Gott selbst begriffen. Das eigene heidenchristliche Verständnis von Universalität ließ keine andere Sichtweise aufkommen, als zu meinen, nur durch die Einzigkeit der Vermittlung Jesu Christi, des Sohnes Gottes, könne der eine und einzige Gott angebetet und verherrlicht werden.

In der heidenchristlichen Christologie spielen, neben vielem anderen Wichtigen selbstverständlich auch die Individualität Jesu, seine Unaustauschbarkeit, seine Einmaligkeit und seine Einzigartigkeit in seinem Verhältnis zu Gott eine ausschlaggebende Rolle. Die genannten Begriffe sind aber samt und sonders Kategorien der Geschichte. Geschichtliches Denken ist kennzeichnend für jüdisches Denken. Für griechisches Denken ist der Raum der Geschichte dagegen nur der Ort der Vergänglichkeit und des Verfalls. Wenn aber Einzigkeit und Einzigartigkeit unvergängliche Größen sein sollten, konnten sie im griechisch-hellenistischen Denken nicht auf der Ebene der Geschichte, sondern nur im Raum der metaphysisch konzipierten Göttlichkeit durchbuchstabiert werden. Das führte konsequent zur Ausbildung der Lehre von einem metaphysischen Gottessohn in der Wesensgleichheit mit Gott selbst, zur Entwicklung einer Inkarnationschristologie in ihrer ausgeprägten altkirchlichen Gestalt (zu der in den populäreren hellenistischen Vorstellungen eine Gottesgeburt durch eine Jungfrau glänzend passte), zur Einzigkeit des Mittlers zwischen Gott und den Menschen, zum universalen menschgewordenen himmlischen Erlöser, zu innertrinitarischen metaphysischen Reflexionen.

Bis in unsere Tage wird in den kirchenamtlichen Lehr- und Bekenntnistexten der Christologie und Trinitätslehre in der philosophisch durchsetzten Terminologie des 4. und 5. Jahrhunderts gesprochen. Dabei wird übersehen, dass schon die heidnischen Philosophen des Altertums ihre Probleme mit der heidenchristlichen Rezeption ihrer Begriffe und Denkweisen in Bezug auf Jesus hatten, was wir heute doch ein wenig gelassener als damals zur Kenntnis nehmen könnten. Es wird übersehen, dass die gesamte Neuzeit durch den Abschied von metaphysischen Denkweisen gekennzeichnet ist und unsere Vorstellungswelt nicht mehr prägt. Deshalb ist es für viele immer schwieriger, wenn nicht sogar unmöglich, mit der überlieferten Christologie und Trinitätslehre intellektuell noch zu kommunizieren. Einst allgemein verständliche Bekenntnisse werden vielfach zu bloß noch unverstandenen Lippenbekenntnissen. Natürlich können die Theologen mit ihnen etwas anfangen, aber eine überlieferte Doxologie sollte als sinnvoll sowohl von den Gemeinden nachvollzogen wie auch von ihnen

und von der säkularen Öffentlichkeit mindestens verstanden werden können. Es ist doch immerhin erstaunlich, dass ohne jede Rücksicht auf das
christologische und trinitarische Dogma und an ihm vorbei Jesus in der Literatur, in der Kunst und auch in einer nichtchristlichen Öffentlichkeit die
Herzen der Menschen zu ergreifen vermag. Ob dieser Jesus immer historisch korrekt gezeichnet und wahrgenommen wird, das ist dann noch einmal eine ganz andere Frage. Dennoch kann man feststellen: Der Jude Jesus
hat gewissermaßen die Dogmen über ihn sprachfähig überlebt.

Kann es aber gelingen, das christologische und trinitarische Dogma aus
gegenwärtiger Sprachlosigkeit herauszuführen? Kann das Dogma doxolo-
gisch wieder teilnehmen am allgemeinen Leben der Menschen unserer
Zeit? Wird es wieder fähig werden, ein heutiges Glaubensleben gestaltend
und strukturierend zu prägen? Es gibt solche, die sagen, hoffentlich nie
wieder. Dennoch werden die Kirchen es zu Recht gebrauchen und weiter
sagen müssen. Das aber bedeutet, dass das Erfordernis der Möglichkeit einer allgemeinen Kommunikation mit dieser Doxologie erfüllt werden
muss. Dazu gehört auf jeden Fall, dass der Antijudaismus, der sich im
christologischen und trinitarischen Dogma festgesetzt hat, eliminiert wird.
Dieser ist nicht einfach dadurch beseitigt, dass das christologische und
trinitarische Dogma aus dem Kontext einer Theologie, die von der Verwerfung Israels sprach, ohne jede weitere Erwägung nun in den Kontext einer
christlichen Theologie gestellt wird, die von Gottes ungekündigtem Bund
mit Israel als einer christlichen Glaubensaussage spricht. Es sollte der Versuch gewagt werden, diese Dogmen einmal so zu buchstabieren, dass sie
auch von sich aus der christlichen Glaubensaussage von Gottes fortdauern-
dem Bund mit Israel entsprechen und so diese Glaubensaussage von innen
heraus zu strukturieren und zu stabilisieren vermögen.

Daher nun zurück zur gestellten Frage: Für welchen Sachverhalt steht
die metaphysische Sprache des christologischen und trinitarischen Dog-
mas? Sowohl bei den Juden wie bei den Judenchristen bestand die gesamte
Menschheit aus „dem Volk" und „den Völkern". Israel verehrte den einen
und einzigen Gott. Für Erneuerung und Verlebendigung dieser Verehrung,
für eine ihr entsprechende Buße und Umkehr der Menschen setzte sich Jesus ein, wie das in Israel immer wieder seit alters durch die Propheten geschehen war. Dabei tat und predigte Jesus – abgesehen von der nahescha-
tologischen Zuspitzung – eigentlich nichts, was nicht auch andere der pha-
risäischen Richtung grundsätzlich hätten tun können und vielleicht auch
getan haben. Der Thora, deren Sinn und deren Scopus galt die Aufmerk-
samkeit Jesu. Diese Predigt von der Umkehr zu dem einen und einzigen

Gott kam unter Rekurs auf Jesus und auf den Anfang des Eschatons im Ostergeschehen in die Welt der Völker, breitete sich dort aus und hatte sich schließlich im gesamte römischen Reich etablieren können. Objektiv sind Menschen aus „den Völkern" durch die Vermittlung Jesu Christi zu dem Gott des Volkes gekommen. Wie im Ostergeschehen der Beginn des Eintreffens des Eschatons gesehen wurde, so bestätigte sich dies in der Bekehrung zahlreicher Menschen aus den Völkern zu dem Gott Jesu. Wie der Gott Israels einer und einzig ist, so ist für die Völker der Zugang zu ihm – historisch zutreffend – einzig diesem „Mittler" zu verdanken. Dieser Zugang „der Völker" zu dem Gott Jesu ist nur im Geiste dieses Gottes, der auch der Geist Jesu war, möglich. Das ist ein Bekenntnis zu dem Geist, der lebendig macht, der die Herzen ergreift und erneuert, zu dem Geist, in dem ein Gott zur Erfahrung kommt, der lebendig ist, der sich um das Heil des Menschen sorgt, der Menschen retten, erlösen und befreien will und gerettet, erlöst und befreit hat. So sind nicht die Götter Griechenlands, Ägyptens oder Roms. Insofern ist das Bekenntnis zu dem Gott Israels zugleich Mythen-, Götter- und Götzenkritik. So seltsam es für jüdische Ohren auch klingen mag, gerade das (heiden)christliche christologische und trinitarische Dogma aus dem 4. und 5. Jahrhundert – und seine antijudaistische Lesart über Jahrhunderte hinweg sollte nicht hindern, das zu sehen –, ist der eindrückliche Beweis dafür, dass Menschen aus der Welt der Völker zu dem Gott Israels und zu keinem anderen sich bekennen wollten. Dem Lobpreis dieses Gottes galt ihr trinitarisches Glaubensbekenntnis. Durchbuchstabiert wurde es unter den denkerischen Prämissen der damaligen Epoche im Bereich des Innergöttlichen, weil nur dort unvergängliche Einzigkeit, Einzigartigkeit, Einmaligkeit, Unverwechselbarkeit und Unvergleichbarkeit festgemacht werden konnten. Das Bekenntnis selbst spiegelt auf der Ebene der metaphysisch buchstabierten Göttlichkeit aber historisch zutreffende Sachverhalte, die – auch dann, wenn sie ihres metaphysischen Gewandes entkleidet werden – genau dasselbe nachvollziehbar artikulieren können; denn Einzigkeit, Einzigartigkeit, Einmaligkeit, Unvergleichbarkeit und Unverwechselbarkeit sind Aussagen, wenn sie von einem Menschen gemacht werden, die nur auf der Ebene der konkreten Geschichte gemacht werden können. Diese Attribute treffen insofern für jedes menschliche Individuum zu. Aber nicht jedes menschliche Individuum, sondern Jesus allein ist Grund und Ursache für die Tatsache, dass unter Berufung auf ihn die Bekehrung von Menschen aus der Welt der Völker zum Gotte Israels und in seinem Geiste sich vollzog, wie es die Heidenchristen jedenfalls wollten. Das wird auch in jedem christlichen liturgischen Gebet zum Ausdruck gebracht. Es gibt genau an, 1. an wen sich das Gebet richtet (an Gott selbst),

2. wem wir die Möglichkeit dazu verdanken und durch wen sich dies vollzieht (durch Jesus Christus) und 3. in welchem Geist dies zu geschehen hat. Heidenchristen nahmen aber offenkundig das christologische und trinitarische Dogma, letzteres sowohl in seiner heilsökonomischen wie in seiner immanenten Gestalt, exklusiv als Metapher für innergöttliche Sachverhalte bzw. als Metapher für universale göttliche Handlungsweisen. Dabei wurde die zwischen Judenchristen des 1. Jahrhunderts und Heidenchristen des 4. und 5. Jahrhunderts unterschiedliche Artikulation von Universalität nicht berücksichtigt. Selbstverständlich war auch für Judenchristen, nicht für die Mehrheit der Juden, Jesus Christus der zentrale Bezugspunkt für die Erschließung des Gottesverständnisses, aber unter den jüdischen Voraussetzungen des judenchristlichen Verständnisses war das doch noch einmal etwas anderes als im heidenchristlichen Raum.

Es war der wohl in der Zeit der patristischen Epoche nicht vermeidbare Fehler der heidenchristlich gewordenen Kirche, die gesamte Menschheit nicht mit der jüdischen Unterscheidung „das Volk und die Völker", sondern mit der übrigen heidnischen Welt nur als „alle Menschen", bzw. „alle Völker", zu denen dann auch Israel zählte, zu denken. Das führte dazu, dass sie diese für sie selbst zutreffende Glaubenssprache auch als Glaubenssprache Israels einforderte: Alle Völker loben jetzt schon den Herrn, nur ein einziges Volk verweigert und entzieht sich. Dabei übersah die heidenchristliche Kirche, dass Israel schon lange diesem Gott die Ehre gab bzw. von den eigenen Propheten dazu aufgerufen wurde und mit einer diesbezüglichen einzigen Vermittlung durch Jesus Christus nicht notwendigerweise verknüpft werden musste.

Jesus Christus ist für die Völker objektiv und historisch zutreffend die Brücke zum Gotte Israels wie zum Volk Israel und seinen Hoffnungen. Deshalb galt alles intellektuelle und spirituelle Ringen der Christenheit des 4. und 5. Jahrhunderts der Prüfung der Tragfähigkeit dieser Brücke. Das Ergebnis waren Christologie und Trinitätslehre. Sie sind zur Glaubenssprache der Christen geworden und sind es bis heute geblieben. Es ist die Glaubenssprache der Menschen aus den Völkern und kann nicht auf dem Hintergrund der zwischen dem Judentum und dem Heidentum unterschiedlich gedachten Universalität der Menschheit die Glaubenssprache des Volkes Israel sein. Von Israel die Übernahme der Glaubenssprache der Völker zu erwarten, macht historisch und theologisch keinen Sinn, weil es unsinnig ist, von Israel zu erwarten, es müsse eine Brücke zu sich selbst bauen. Mit der christlichen Anerkenntnis des fortdauernden Bundes Gottes mit Israel und mit der dadurch anerkannten jüdischen Unterscheidung der Universalität der Menschheit als aus dem Volk und aus den Völkern bestehend benennen Christologie und Trinitätslehre genau den Raum, wo diese Glaubenssprache gesprochen werden soll, nämlich in der Welt der Völker. Das schließt nicht aus, sondern ein, dass die Glaubenssprache der Völker ihrerseits offen ist für diejenigen aus dem Judentum, die von sich selbst her sich diese Glaubenssprache zu Eigen machen möchten. Durch die Benennung des Raums dieser Glaubenssprache verbietet sich aber von selbst und von vornherein jede christliche Judenmission und jeder christliche Antijudaismus. Weil Christen mit ihrer Glaubenssprache zum Ausdruck bringen wollen, dass sie unter Rekurs auf Jesus und durch ihn zum Gotte Israels und im Geiste dieses Gottes beten wollen, werden historisch zutreffende Sachverhalte zum Ausdruck gebracht. Christen bringen z.B. durch die trinitarische Doxologie am Ende eines Psalms zum Ausdruck, dass sie wirklich mit Israel zusammen diesen Psalm beten wollen, den Israel ohne diese Doxologie betet.

Wenn Heidenchristen von der Gottessohnschaft Jesu sprechen, dann erkennen sie in dieser Redeweise die Gottessohnschaft des Volkes Israel wie ihre eigene. Dann ist die Messiasfrage nicht mehr eine Frage, ob Jesus der Messias ist oder nicht, sondern dieser christologische Titel wird für die Völker zum Mittel ihres Einstimmens in die Endzeiterwartung Israels, weil sie jetzt schon als Menschen aus den Völkern zu dem Gott sich bekennen, zu dem in der Hoffnung Israels sich die Völker als ganze erst in der Endzeit bekehren werden. Die christologischen und trinitarischen „Spekulationen" spiegeln und überliefern im metaphysischen Raum historisch zutreffende Sachverhalte. Insofern sind Christologie und Trinitätslehre zunächst – und sachlich zumindest auch – Metaphern für den historischen Sachverhalt des Ankommens des Gottesbekenntnisses Israels unter den Völkern durch Jesus Christus im Geiste des Gottes Israels.

Martin Luther hatte im Jahre 1523 eine Schrift mit dem Titel „Daß Jesus Christus ein geborener Jude sei" verfasst. Der Titel dieser Schrift, auf weite Strecken nicht ihr Inhalt, ließ im 16. Jahrhundert auch Juden aufhorchen. Das, was in diesem Titel, und nur in ihm, zum Ausdruck kommt, könnte heute in neuer Weise zu sprechen anfangen. In Proto-Sacharja heißt es (8,23): „So spricht der Herr: Zu der Zeit werden zehn Männer aus allen Sprachen der Heiden einen jüdischen Mann beim Zipfel seines Gewandes ergreifen und sagen: Wir wollen mit euch gehen, denn wir hören, daß Gott mit euch ist". Diesen einen jüdischen Mann sehen Christen aus den Völkern in Jesus, mit dem sie in ihren Gottesdiensten und Gebeten auf seine Einladung und durch sein Wort in Gemeinschaft stehen, in der Hoffnung, dass er sie zu dem Einen und Einzigen mitnimmt, auf den hin das Volk Israel glaubend und hoffend unterwegs ist.

Markus Wriedt

Vom Dialog zur Dialogiziät.
Konfessionelle Identität in Zeiten religiöser Pluralität

Einleitung

„Wer für alles offen ist, ist am Ende nicht mehr ganz dicht!" – so oder so ähnlich wird das Bonmot dem verstorbenen sozialdemokratischen Fraktionsvorsitzenden Herbert Wehner zugeschrieben. Der für seine pointierten Stellungnahmen gefürchtete Politiker war zugleich für seine Durchsetzungskraft und authentische Position von Freunden und Feinden gleichermaßen respektiert. Er und mit ihm zahlreiche andere Größen der Geschichte der letzten Jahrhunderte steht damit in einer wie es scheint unauflöslichen Spannung, die sich paradigmatisch an seinem Amt als Fraktionsführer einer der großen deutschen Volksparteien festmachen lässt. Auf der einen Seite galt es die aus vielfältigen Strömungen zusammengesetzte Fraktion auf eine Sprache, eine Verhandlungsposition und eine wie man heute sagt „corporate identity" einzuschwören. Auf der anderen Seite freilich ist Politik seit jeher die Kunst des Machbaren. In zahllosen Verhandlungen galt es den größtmöglichen Teil der eigenen Überzeugungen durchzusetzen, andererseits aber die eigene Position in so weit zurückzunehmen, dass ein möglicher Konsens nicht gefährdet wird. Der strategische Kompromiss wird zur politischen Maxime und von jenen ideologischen Hardlinern, die gern eine klare Position zur Identifikation und Orientierung vertreten, als Aufweichung und Verlust der Klarheit denunziert.

Die Spannung zwischen kompromissloser Eindeutigkeit und konsensfähiger Offenheit durchzieht die Geschichte politischer, kultureller, gesellschaftlicher und theologischer Konflikte wie ein roter Faden. Wie es scheint, markieren die Begriffe zwei gegensätzlicher kaum zu denkende Pole eines nicht zu überwindenden Antagonismus.

Solange die philosophische Epistemik von einer eindeutigen Antwort auf die Frage nach der letztgültigen Wahrheit ausging, war das einem jeglichen Diskurs zugrunde liegende Entscheidungsschema schlicht bipolar: entweder richtig oder falsch. Entsprechend schroff gingen Opponenten etwa auf dem Felde der Kontroverstheologie noch bis in das vergangene Jahrhundert miteinander um.

Nicht nur die philosophische Erkenntnistheorie, diese aber vor allem angeregt durch zahlreiche Entdeckungen im Bereich der theoretischen Naturwissenschaften und mancherlei empirischer Beobachtung hat zur selben Zeit zunehmend die behauptete Eindeutigkeit der Beantwortung der Wahrheitsfrage problematisiert.[1] Hans Georg Gadamer wird der Satz zugeschrieben, wonach Hermeneutik jene Kunst sei, bei der am Ende auch der Andere einmal Recht habe.[2]

Kein Wunder, dass im Nachklang der gravierenden Umwälzungen des vergangenen Jahrhunderts die wissenschaftliche Hermeneutik einerseits, noch mehr freilich konsensbereite Dialogpartner unter den Generalverdacht gerieten, die Wahrheit einer häufig existentiell leidvoll erarbeiteten Position um einer nur vordergründigen und oberflächlichen Einheit Willen aufs Spiel zu setzen. In dem Maße, wie die Postmoderne einen interpretierenden Gesamtansatz der Wirklichkeit dekonstruierte, wuchs das Bedürfnis nach präziser Zeit- und Ortsansage, nach verlässlichen Positionen und einer klaren, unmissverständlichen Orientierung. Die neuere Theologie- und Kirchengeschichtsschreibung ist davon nicht nur nicht unberührt geblieben, sie eignet sich vielmehr als hervorragendes Beispiel für jene Entwicklung. Dies freilich auch mit allen fatalen Konsequenzen die sich daraus im Blick auf „kirchenleitendes Handeln" und operationalisierbare Handlungsorientierungen der kirchlichen Praxis ergeben.

---

[1] Vgl. zur philosophischen Erkenntnistheorie der Gegenwart die Einführungen von: Gottfried Gabriel, Grundprobleme der Erkenntnistheorie. Von Descartes bis Wittgenstein, Paderborn [2]1998; Gerold Prauss, Einführung in die Erkenntnistheorie, Darmstadt [3]1993; Hans-Jörg Rheinberger, Historische Epistemologie zur Einführung, Hamburg [2]2009; Norbert Schneider, Erkenntnistheorie im 20. Jahrhundert. Klassische Positionen, Stuttgart 1998 – Der postmoderne Ansatz der Dekonstruktion, insbesondere der Wahrheitsfrage, verbindet sich mit Namen wie: Jacques Derrida, Die Schrift und die Differenz, Frankfurt a.M. [2]2003; Francois Lyotard, Das postmoderne Wissen (hg. von Peter Engelmann) Wien 2012; ders., Discours, figure, Paris 1971; sowie Bruno Latour, Die Hoffnung der Pandora. Untersuchungen zur Wirklichkeit der Wissenschaft, Frankfurt am Main 2002; ders., Wir sind nie modern gewesen. Versuch einer symmetrischen Anthropologie, Frankfurt am Main 2008; Vgl. weiterhin: Heinz Kimmerle, Derrida zur Einführung. Hamburg [6]2004; Peter Engelmann, Postmoderne und Dekonstruktion, Stuttgart [4]2004; Henning Schmidgen, Bruno Latour zur Einführung, Hamburg 2010; Nina Degele – Timothy Simms – Bruno Latour, Post-Konstruktivismus pur, in: Martin L. Hofmann – Tobias F. Korta – Sibylle Niekisch (Hg.), Culture Club. Klassiker der Kulturtheorie, Frankfurt am Main 2004, 259–275.

[2] Zu Hans-Georg Gadamer siehe: Hans-Georg Gadamer – Gottfried Boehm, Seminar: Philosophische Hermeneutik, Frankfurt am Main 1979; ders., Wahrheit und Methode. Grundzüge einer philosophischen Hermeneutik, Tübingen [4]1975; Udo Tietz, Hans-Georg Gadamer zur Einführung, Hamburg [3]2005; Carsten Dutt (Hg.), Gadamers philosophische Hermeneutik und die Literaturwissenschaft, Heidelberg 2012; vgl. zur theologischen Rezeption hermeneutischer Grundüberzeugungen Ingolf U. Dalferth, Radikale Theologie, Leipzig 2010.

Diese Entwicklung soll zunächst in groben Schnitten skizziert werden, um sodann in einem zweiten Teil des Vortrages zwei voneinander unabhängige Entwicklungsstränge moderner Philosophie vorzustellen, die Möglichkeiten einer Überwindung des Antagonismus von Positionalität und Konsens zu eröffnen scheinen. Sie sind im dritten Teil ausblickartig vorzutragen.

2. Von Luthers „*assertiones*" zum „*aggiornamento*" des zweiten Vatikanischen Konzils

„Um Gottes Willen Klarheit" betitelte Eberhard Jüngel seinen flammenden Protest gegen die aus dem Geist der Konsensökumene erwachsene gemeinsame Erklärung zur Rechtfertigungslehre vom 31. Oktober 1999.[3] Auch wenn er schlussendlich den berühmt-berüchtigten Brief der 246 oder mehr evangelischen Theologen und Theologinnen mit massiven Bedenken gegen die gemeinsame Erklärung nicht unterschrieb,[4] so war doch allen in dieser Sache Protestierenden eines gemeinsam: die tiefe Sorge um die Aufgabe elementarer Grundüberzeugungen protestantischer Lehre und damit auch dessen, was man unter der doktrinären Fassung einer evangelischen Identität verstehen kann.

Nicht allein in der Folge dieses Protestes, auch schon vorher war das Bedürfnis nach unverwechselbarer evangelischer Identität in den vor allem geistlichen Wirren der Zeitläufte unüberhörbar geworden. Nicht nur die ökumenischen Bemühungen mussten manchen Rückschlag hinnehmen und verloren an Attraktivität für jüngere Theologengenerationen. Auch Bewegungen, die sich einer populistischen, einfach nachvollziehbaren Schwarz-Weiß bzw. Richtig-Falsch-Rhetorik bedienten gewannen in beängstigender Weise an Boden. Neben dem Fundamentalismus wurden in vielen Fällen

---

[3] Eberhard Jüngel, Um Gottes willen – Klarheit! Kritische Bemerkungen zur Verharmlosung der kriteriologischen Funktion des Rechtfertigungsartikels – aus Anlass einer ökumenischen »Gemeinsamen Erklärung zur Rechtfertigungslehre«, Tübingen 1997, sowie ders., Das Evangelium von der Rechtfertigung des Gottlosen als Zentrum des christlichen Glaubens. Eine theologische Studie in ökumenischer Absicht, Tübingen 1999.

[4] Vgl. die epd-Dokumentationen des Jahres 1999 sowie die zahlreichen Leserbriefe von evangelischen Theologieprofessoren in der FAZ aus dem Jahre 1999 wie etwa Johannes Wallmann, Volker Drehsen, Thomas Kaufmann, Reinhard Schwarz, Ingolf U. Dalferth, Karl-Hermann Kandler, Albrecht Beutel, Ekkehard Mühlenberg und Wilfried Härle sowie der LWB-Generalsekretär Ishmael Noko. Eine Zusammenstellung findet sich jetzt bei Friedrich Hauschildt – Udo Hahn – Andreas Siemens (Hg.), Die Gemeinsame Erklärung zur Rechtfertigungslehre. Dokumentation des Entstehungs- und Rezeptionsprozesses, Göttingen 2009.

öffentlicher Diskurse an die Stelle differenziert argumentierender Theoretiker, populistische und leicht wiedererkennbare „wing nuts"[5] platziert und beherrschten rasch den medialen Markt der Möglichkeiten.

Die Sehnsucht nach Eindeutigkeit, Klarheit und Authentizität fand insbesondere im Bereich des interkonfessionellen Dialogs rasch ein gut begründetes Gegenbild: War es nicht Luther gewesen, der nach *assertiones*, klaren, leicht nachvollziehbaren, präzisen Argumentationsversatzstücken gerufen hatte?[6] An die Stelle scholastischer Quisquiliendispute setzte er das Bekenntnis auf der Basis der Schrift. Mit dieser Haltung wurde er theologisch zum „Rasiermesser Ockhams" – und politisch zur Identifikationsgestalt einer sich in jahrhundertelanger Unzufriedenheit aufgestauten Protestbewegung in höchst vielgestaltiger Form.

Mit der Bibel in der Hand gegen Papst und Kaiser – dieses Zerrbild, an dem Luther wie neuere Forschungen zeigen nicht ganz unschuldig war[7] – avancierte Luther zum „deutschen Herkules" und wurde so auch zur Identifikationsfigur von Bewegungen, die mit der Sache des Evangeliums so ganz und gar nichts mehr zu tun hatten und haben. Dennoch – der tapfere Gottesstreiter ist bis zum heutigen Tag auch in wohlmeinenden Vereinigungen, die sich auf ihn berufen, als Idealbild des entschiedenen, bis zum Martyrium bereiten Zeugen evangelischer Wahrheit und Aufrichtigkeit lebendig. Dem tut auch manche historisch gut begründete und in zahllosen Stellungnahmen leicht zugängliche Korrektur keinen Abbruch.

Dabei ist es nicht nur der historische Abstand, welcher die Nähe Luthers zum gegenwärtigen Bedürfnis nach Glaubensgewissheit und religiöser Identität fragwürdig erscheinen lässt. Es ist auch die kaum zu begründende Einseitigkeit des Lutherbildes, das mit der nicht zuletzt von Luther selbst dokumentierten historischen Entwicklung nicht in Einklang zu bringen ist. Gehören doch zu Luthers entschiedenem Auftreten in gleichem Maße auch die Momente von Anfechtung und Verzweiflung, aus denen heraus sich sein Glaube und die damit verbundene theologische Argumentation schöpfen. So wenig die Glaubensgewissheit des Frommen ohne die Erfahrung des verborgenen Gottes von Luther gedacht wird, so wenig ist eine klare

---

[5] Zu diesem amerikanischen Ausdruck siehe John Avalon, Wingnuts, How the Lunatic Fringe is Hijacking America, New York 2010.

[6] Dietrich Kerlen, Assertio. Die Entwicklung von Luthers theologischem Anspruch und der Streit mit Erasmus, Stuttgart 1976.

[7] Vgl. zu diesem Problemkomplex siehe Thomas Kaufmann, Die Anfänge der Reformation, Tübingen 2012, 266–333.

Position in Fragen der Schriftauslegung ohne den tiefen Zweifel und die exegetische Orientierungslosigkeit im Reichtum der Schrift zu gewinnen.[8] Geradezu im Gegensatz zur von Luther entwickelten Hermeneutik der *„theologia crucis"*[9] wurde daraus im konfessionellen Zeitalter eine protestantische Orthodoxie höchst divergenter Provenienz, die an die Stelle der mühsamen Suche nach Glaubensgewissheit in der Spannung von Gesetz und Evangelium eine *„theologia gloriae sive triumphans"* theologischer Bekenntnisformulierungen setzte, die in ihrem abgrenzenden Charakter gegen innerprotestantische Heterodoxie vor allem aber den antipapalistischen Akzent setzte.[10] Es mutet wenig wunderlich an, dass in diesem Klima der Gedanke einer konsensualen Wiedergewinnung verlorener Einheit kaum Anhänger fand. Sie gerieten vielmehr rasch selbst unter den Verdacht heterodoxer Indifferenz.

Allerdings – auch hier ist eine historische Dialektik nicht zu übersehen: gerade die konfessionelle Indifferenz provoziert zahlreiche theoretische Überlegungen, wie bekenntnisförmige Homogenität in allen Bereichen der Gesellschaft herzustellen sei.[11] In der Praxis des alltäglichen Lebens aller-

---

[8] Eine knappe, gleichwohl umfassende Übersicht dazu bei Bernhard Lohse, Luthers Theologie, Göttingen 1995 mit zahlreichen Literatur-Hinweisen.

[9] Walther von Loewenich, Luthers Theologia Crucis, Witten [5]1967; Hubertus Blaumeiser, Martin Luthers Kreuzestheologie. Schlüssel zu seiner Deutung von Mensch und Wirklichkeit, Paderborn 1995; Yong Joo Kim, Crux sola est nostra theologia. Das Kreuz Christi als Schlüsselbegriff der Theologia crucis Luthers, Frankfurt am Main 2008.

[10] Siehe dazu Kenneth G. Appold, Abraham Calov's Doctrine of Vocatio in Its Systematic Context, Tübingen 1998; Jörg Baur, Salus Christiana. Die Rechtfertigungslehre in der Geschichte des christlichen Heilsverständnisses, Band 1: Von der Antike bis zur Theologie der deutschen Aufklärung, Gütersloh 1968; ders., Luther und seine klassischen Erben, Tübingen 1993; ders., Valentin Ernst Löschers Praenotiones theologicae. Die lutherische Spätorthodoxie im polemischen Diskurs mit den frühneuzeitlichen Heterodoxien, in: Hartmut Laufhütte – Michael Titzmann (Hg.), Heterodoxie in der Frühen Neuzeit, Tübingen 2006, 425–475; Robert D. Preus, The theology of post-reformation Lutheranism. Vol. 1: A Study of Theological Prolegomena, Saint Louis (Mo.) 1971; Otto Ritschl, Dogmengeschichte des Protestantismus. Band IV: Orthodoxie und Synkretismus in der altprotestantischen Theologie, Göttingen 1927; Johannes Wallmann, Der Theologiebegriff bei Johann Gerhard und Georg Calixt, Tübingen 1961; ders., Gesammelte Aufsätze. Band 1: Theologie und Frömmigkeit im Zeitalter des Barock, Tübingen 1995; ders., Pietismus und Orthodoxie. Gesammelte Aufsätze Bd. 3, Tübingen 2010.

[11] Zur nicht allein für die reformationshistorische Forschung relevanten Debatte über die kulturwissenschaftliche Erweiterung und Transformation der Konfessionalisierungsthese vgl. die Bände 201, 205 und 207 der Schriften des Vereins für Reformationsgeschichte: Kaspar von Greyerz u.a (Hg.), Interkonfessionalität – Transkonfessionalität – binnenkonfessionelle Pluralität. Neue Forschungen zur Konfessionalisierungsthese, Gütersloh 2003; Ute Lotz-Heumann u.a (Hg.), Konversion und Konfession in der frühen Neuzeit, Gütersloh 2007; Thomas Kaufmann u.a. (Hg.), Frühneuzeitliche Konfessionskulturen, Gütersloh 2008.

dings erweisen sich die konfessionellen Kulturen des 17. und 18. Jahrhunderts als sehr viel bunter und weniger eindeutig, als es die theologischen Traktate jener Zeit uns glauben machen wollen.

Freilich bedurfte es weit mehr als der alltäglichen Erfahrung von religiöser Vielfalt, bis aus dem Geiste der Säkularisation, jenes ungeliebten, gleichwohl unleugbaren Kindes der Reformationen, der Gedanke religiöser Toleranz und der „Religionsvergleichung", i.e. einer konsensorientierten diskursiven Haltung erwuchs.[12] Nur wenige Zeugnisse vor der berühmten Ringparabel Lessings aus dem Theaterstück „Nathan der Weise" lassen sich finden, die im interkonfessionellen Umgang – vom interreligiösen Dialog einmal ganz zu schweigen – an die Stelle der Überzeugung vom Irrtum, zunächst die Information und dann in einem zweiten Schritt den Gewinn einer gemeinsamen, dritten Position stellen.

Es bedurfte allerdings weiterer zweihundert Jahre schmerzlicher, tragischer und dramatischer Erfahrungen im Alltag, wie in den äußert extremen Situationen auf Schlachtfeldern, in Schutzbunkern und Konzentrationslagern, um Menschen zu lehren, dass es jenseits der festgefügten doktrinären Zeugnisse eine Welt religiöser Erfahrung gibt, welche die dogmatischen Grenzziehungen längst überwunden hat.

Nicht allein diese Erfahrungen, wohl aber auch sie haben die Ökumene nach dem zweiten Weltkrieg massiv beeinflusst. Der mit dem Aufbruch des zweiten Vatikanischen Konzils verbundene Ansatz des *„aggiornamento"*, wie er im Ökumenismusdekret im Begriff der „versöhnten Verschiedenheit" zum Ausdruck kommt,[13] fand seine Fortsetzung in der intensiven ökumenischen Arbeit, für die exemplarisch der aus dem informellen Jaeger-Staehlin-Kreis hervorgegangenen Tagungen des Ökumenischen Arbeitskreises evangelischer und katholischer Theologen.[14]

Evangelische wie katholische Theologen entwickelten in großer Loyalität zu ihren Heimatkirchen eine dogmengeschichtliche Hermeneutik, wel-

---

[12] Siehe den Überblick bei Rainer Forst, Toleranz im Konflikt. Geschichte, Gehalt und Gegenwart eines umstrittenen Begriffs, Frankfurt/Main ²2004.

[13] Vgl. dazu Franz Michel Willam, Vom jungen Angelo Roncalli (1903–1907) zum Papst Johannes XXIII. (1958–1963). Eine Darlegung vom Werden des Aggiornamento-Begriffes 1903–1907 als der Leitidee für das II. Vatikanische Konzil und die Durchführung seiner Beschlüsse – ein aktuelles Buch, Innsbruck 1967; zum Hintergrund der durch diesen Ausdruck bestimmten Ökumenischen Debatten siehe Harding Meyer, Versöhnte Verschiedenheit. Aufsätze zur ökumenischen Theologie II. Der katholisch/lutherische Dialog, Paderborn 2000, besonders 298–316.

[14] Siehe zur Geschichte dieses Gremiums Barbara Schwahn, Der ökumenische Arbeitskreis evangelischer und katholischer Theologen 1946 bis 1975, Göttingen 1996.

che das gegenseitige Verständnis und die respektvolle Annäherung möglich werden ließen. Die mehrbändigen Veröffentlichungen dieses Kreises – zuletzt die Dokumentation „Lehrverurteilungen – kirchentrennend"[15] geben davon eindrücklich Zeugnis.

Ein wesentlicher Bestandteil der theologischen Dogmen-Hermeneutik war die Einsicht in die historischen Bedingungszusammenhänge konfessioneller Bekenntnisse. Zunächst im Kontext des lutherisch-reformierten Dialogs in der Leuenberger Konkordie von 1973 nicht unumstritten, aber letztlich erfolgreich erprobt,[16] wurde die Frage auch an die kontroverstheologischen Bekenntnisdokumente des 16. Jahrhunderts gerichtet: Ist das, was im Streit um die Wahrheit im 16. Jahrhundert zu Trennungen und Verwerfungen Anlass gab, unter den Bedingungen der Moderne im 20. und 21. Jahrhundert noch trennend?

Auf der Basis zahlreicher historischer und theologiegeschichtlicher Untersuchungen wurde aus dem Verdacht Gewissheit: die Frage kann in großen Bereichen des ökumenischen Miteinander verneint werden. Damit drängt aber der historische Befund zur Handlungsintention: die Möglichkeit des Konsens muss Wirklichkeit werden. Während Otto Hermann Pesch in Anlehnung an Hans Georg Gadamer dafür im Begriff und in der Methode der „Horizontverschmelzung" die theoretischen Grundlagen formuliert sah,[17] griffen ungeduldigere Geister seine historische Feststellung, dass die konfessionsspezifischen Positionen des 16. Jahrhunderts in der Gegenwart keinen Anlass mehr zur Verwerfung böten, auf und forderten „Kirchengemeinschaft jetzt!".[18] Daneben wurden allerdings auch Christen aller Kirchen ungeduldig und riefen nach eucharistischer Gemeinschaft, wechselseitige Anerkennung des Amtes und der Sakramente, und vielem anderen mehr.

Doch die Euphorie und der Enthusiasmus des Aufbruchs vermochten nicht darüber hinweg zu täuschen, dass die in Jahrtausende langem Ringen

---

[15] Insgesamt vier Bände hg. von Karl Lehmann und Wolfhard Pannenberg, Freiburg und Göttingen 1986–1994.
[16] Vgl. Wilhelm H. Neuser, Die Entstehung und theologische Formung der Leuenberger Konkordie 1971–1973, Münster 2003; Gunther Wenz, Kirche. Studium Systematische Theologie Band 3, Göttingen 2005; besonders Kap 12: Kirchengemeinschaft nach der Leuenberger Konkordie, Göttingen 200–214.
[17] Gadamer, Wahrheit und Methode, 289f.; 356f.; 375. – Vgl. die Würdigung dieses ökumenisch fruchtbar gemachten Ansatzes bei Otto Hermann Pesch: Johannes Brosseder – Markus Wriedt (Hgg.), Kein Anlass zur Verwerfung. Studien zur Hermeneutik des ökumenischen Gesprächs, Frankfurt am Main 2007.
[18] Als jüngste in einer ganzen Reihe von Publikationen erschien zuletzt von Johannes Brosseder und Joachim Track, Kirchengemeinschaft jetzt! Die Kirche Jesu Christi, die Kirchen und ihre Gemeinschaft, Neukirchen-Vluyn 2010.

gewonnenen Überzeugungen nicht so rasch vom Sturm ökumenischen Einheitswillens hinweg geweht werden können. Die kleinteilige dogmenhistorische Arbeit wies noch eine Reihe von Problemen auf, die unter Hinweis auf die wachsende historische Distanz zu ihrer Ursprungssituation allein nicht hinweg zu wischen sind.

Freilich – war die erste dogmenhistorische Arbeit der 60ger und 70ger Jahre noch durchaus von diesem Enthusiasmus des ökumenischen Aufbruchs genährt, wuchs je länger je mehr das Unwohlsein, ob denn nicht mit der historischen Aufarbeitung gewachsener Lehrzusammenhänge auch ein wesentlicher Teil konfessioneller Identität und Glaubensheimat verloren ging. In der Folge der wissenschaftlichen Ertragssammlungen aus Anlass des 500. Geburtstages von Martin Luther im Jahre 1983 gewannen Stimmen an Gewicht, die vor dem Verlust des Erbes warnten. Konsens wurde plötzlich nicht mehr positiv als gemeinsam zu verantwortender Ertrag wechselseitiger, respektvoller Informationen verstanden, sondern als das Vermeiden und Negieren unversöhnlicher Konfliktpunkte. Insbesondere Theologiehistoriker gerieten unter den Generalverdacht dogmatischer Nivellierung.

Aus der Konsensökumene wurde die Ökumene der Profile: Pointiert formuliert Wolfgang Huber in einem Beitrag für die 2006 veröffentlichte Dokumentation eines Symposions unter gleichem Titel die These: „Wir müssen lernen, mit bleibenden Differenzen ökumenisch zu leben. … Zur Ökumene der Profile gehört … unabdingbar die Ernsthaftigkeit, die jeweils für unsere Kirchen unaufgebbaren theologischen Einsichten auszusprechen und zu vertreten. Eine Ökumene der Profile ist wahrheitsorientiert, sie will das benennen, was den Vätern und Müttern unseres Glaubens unveräußerlich war." Daraus folgt sodann der notwendige zweite Schritt, der darin besteht, „einen ökumenisch tragfähigen Umgang mit den bleibenden Unterschieden zwischen unseren Kirchen zu finden." Der damalige Ratsvorsitzende der EKD schließt mit dem Aufruf: Werfen „wir uns unsere bleibenden Unterschiede nicht gegenseitig vor …, sondern [lernen] sie als Differenzen verstehen, mit denen ökumenisch zu leben unsere zukünftige gemeinsame Aufgabe ist."[19]

Ein bemerkenswerter Satz – mit den Differenzen leben lernen. In der Praxis wurde[20] und wird dies längst vielfach geübt. Wie aber sieht die theoretische Grundlegung einer solchen Praxis aus? Wie weit sind wir damit,

---

[19] Johannes Brosseder – Markus Wriedt (Hg.), Kein Anlass zur Verwerfung, 406–409.

[20] In kirchenhistorischer Perspektive ist dieser Grundtatbestand zur Definition von Konfessionskulturen geworden; vgl. etwa Thomas Kaufmann, Konfession und Kultur, Tübingen 2006,

einander die Gegensätze nicht mehr vorzuwerfen? Inwieweit können wir beispielsweise römisch-katholische Positionen des Amtes, der Eucharistischen Gemeinschaft, der Weltkirche[21] und vieles mehr respektvoll zur Kenntnis nehmen ohne zugleich mit der Hermeneutik des Verdachts Strategien der Überformung evangelischer Grundüberzeugungen zu entdecken?

Mit ökumenischer Verschiedenheit leben – das ist nicht nur eine ambitionierte Aufgabe für die Verantwortlichen vor Ort in Predigt, Seelsorge und Diakonie. Es ist auch eine theoretische Aufgabe, die allein unter Hinweise auf pragmatische und erfahrungsbezogene Einsichten nicht zu bewältigen ist. Der Hamburger Missionswissenschaftler Hans-Jochen Margull hat einmal in einer Vorlesung den Satz formuliert: „Warum sollte, was hinter Stacheldraht um im Angesicht der Folterknechte möglich war, in der Freiheit des Nachkriegsdeutschland nicht mehr möglich sein?" – Gemeint waren die Abendmahlsgemeinschaft und das überreligiöse Gebet. Auch jenseits aller Betroffenheit, ist das ein wahrer Satz. Er wurde mir – und nicht mir allein – zu einem steten ‚Stachel im Fleisch'. Bei aller dogmatischen Klarheit muss gefragt werden, um welchen Preis diese gewahrt werden kann. Dabei wird deutlich: des es weniger die aktuelle Antwort auf die Wahrheitsfrage ist, als deren kommunikative Gestalt, die das Problem der gegenwärtigen ökumenischen Verständigung ausmachen.

Während Wolfgang Huber – und mit ihm viele andere dem ökumenischen Gedanken verpflichtete Theologen und Theologinnen – völlig zu Recht auf die explizite Formulierung von Gemeinsamkeiten und Trennendem verweisen und den Konsens in der dogmenhermeneutischen Einsicht in die geschichtliche Bedingtheit von Spitzenformulierungen etwa der Bekenntnisse oder der Konzilsdekrete von Trient theoretisch begründen können, soll im Folgenden ein philosophischer Ansatz bemüht werden, der ganz jenseits von den theoretischen Bedingungen und institutionellen Sachzwängen konkreter ökumenischer Arbeit entstanden ist. Das von dem russischen Literaturwissenschaftler und Philosophen Michael Bachtin entwickelte Konzept der „Dialogizität".

3–26; vgl. auch Markus Wriedt, Bildungslandschaften zwischen Späthumanismus und Reformation. Evangelische Universitäten als Zentren der Entstehung einer akademischen Konfessionskultur, in: Irene Dingel – Ute Lotz-Heumann (Hg.), Entfaltung und zeitgenössische Wirkung der Reformation im europäischen Kontext Gütersloh 2014 (im Druck).

[21] Vgl. dazu jetzt Markus Wriedt, Polyzentrik – Pluralismus – Toleranz. Gegenwärtige Herausforderungen der kirchlichen Historiographie im Fokus einer Geschichte des Weltchristentums, in: Klaus Koschorke – Adrian Hermann (Hg.): Polycentric Structures in the History of World Christianity / Polyzentrische Strukturen in der Geschichte des Weltchristentums, Wiesbaden 2014 (im Druck).

3. Michael Bachtin und das Projekt „Dialogizität"

Mikhail Bachtin (* 5. November jul./ 17. November 1895 greg. in Orjol; †
7. März 1975 in Moskau) war ein russischer Literaturwissenschaftler. Seine
zum großen Teil in den 1920er und 1930er Jahren entstandenen Arbeiten
zu Texttheorie sowie einer Philosophie der Handlung entstanden als Fragmente größtenteils in der Verbannung sowie geistiger Isolation. Ende 1929
wurde Bachtin von Stalin nach Qostanai in Kasachstan verbannt, wo er bis
Mitte der 1930er Jahre als Buchhalter arbeitete. Ab 1936 lebte er dann (mit
Unterbrechungen und langen Krankenhausaufenthalten einer extrem
schmerzhaften Osteomylitis wegen) in Verbannung in Saransk in Mordwi-
nien, wo er bis zu seiner Pensionierung 1961 als Lehrer am Pädagogischen
Institut arbeitete. Im Mai 1970 übersiedelte Bachtin mit seiner Frau in ein
Altersheim bei Moskau, wo er 1975 starb.

Erst in den 1960er Jahren wurde sein Werk zu Kenntnis genommen und
gelang so in den 70ger Jahren auch nach Westeuropa.[22] Allerdings entfalteten seine Theorieansätze ihre Wirkung auf Literaturwissenschaft, Philosophie und Kulturwissenschaft nur für eine kurze Zeit. Heute gilt Bachtin
als einer der bedeutendsten Literaturtheoretiker des 20. Jahrhunderts. Sein
Werk bedarf allerdings noch einer eingehenderen Interpretation. Sie wird
dadurch erschwert, dass es zu einem großen Teil in Fragmenten, Hand-
schriften ohne Datierung und Gliederung, sowie wenig kenntlich gemachten Bezügen, Übernahmen und Paraphrasen aus zeitgenössischer Philosophie Russlands und Deutschlands besteht. Der nonchalante Umgang mit
dem geistigen Eigentum findet sein Pendant in seiner ebenso schwer nachvollziehbaren Autorschaft gemeinschaftlich oder unter anderem Namen
veröffentlichter Manuskriptteile sowie einer in zahlreichen, einander widersprechenden Angaben zur eigenen Biographie und geistigen Entwicklung.[23]

3.1 Theorie der Handlung

In jungen Jahren setzt sich Bachtin intensiv mit dem Problem einer ersten
Philosophie auseinander. Sein Anliegen ist es, eine Erste Philosophie zu
schaffen, die er als Philosophie des „einheitlichen und einzigartigen Seins-

---

[22] Julia Kristeva, Bahktine, let mot, le dialogue et le roamn, in: Critique 1967, 23(239), 438–
465.

[23] Zur Entlastung des nachfolgenden Anmerkungsapparates sei grundsätzlich verwiesen auf:
Sylvia Sasse, Michail Bachtin zur Einführung, Hamburg 2010; weitere Hinweise bei: Wolfram Eilenberger, Das Werden des Menschen im Wort. Eine Studie zur Kulturphilosophie Michail M. Bachtins, Zürich 2009; Maja Soboleva, Die Philosophie Michail Bachtins. Von der
existentiellen Ontologie zur dialogischen Vernunft, Hildesheim u.a. 2010.

Ereignisses" bezeichnet.[24] Bachtin stellte hierbei die Frage nach der kommunikativen Vermittlung zwischen Autor – Text – und Leser in den Vordergrund. Die Trennung der drei Elemente des Bühlerschen Organonmodells[25] lehnt er ebenso ab, wie die Aufspaltung von ästhetischen, erkenntnistheoretischen und handlungsorientierenden Theoriebildungen. Für ihn gehört alles in ein organisches Ganzes. Entscheidend für seine Theorie wird der Begriff des Lebens-Handelns, das durch die Tatsache biographischer Verbindung als Ganzes und nicht die Abfolge oder parallele Existenz von Teilen in historischer oder systematischer Konstruktion zu verstehen ist. Bachtin lehnt den abstrakt-theoretischen Seins-Begriff, wie er sich in der transzendentalphilosophischen Ontologie entwickelt hatte ab und betont, dass ein Subjekt a priori, das vor der Erfahrung bzw. unabhängig von der Erfahrung existiert, nicht Gegenstand der Erkenntnis, der Moralphilosophie oder Werteethik sein kann. Bestimmtheit, Vorbestimmtheit, Vergangenheit und Abgeschlossenheit sind jene Kategorien, die mit dem Leben und dem Werden unvereinbar seien: „Wir hätten uns selbst aus dem Leben als einem verantwortliche, gewagten, offenen Werden als Handlung geworfen, hinein in ein indifferentes, prinzipiell fertiges und vollendetes theoretisches Sein (das nur im Erkenntnisprozess nicht vollendet und aufgegeben ist, jedoch aufgegeben eben als gegeben).[26]

Bachtin geht in seinem theoretischen Fragment zur Philosophie der Handlung von einer anderen Ich-Du- und Ich-Es-Beziehung aus, als etwa Martin Buber[27] sie skizziert hat. Der russische Literaturtheoretiker sieht drei Wechselbeziehungen als konstitutiv für die Architektonik des Seins-Ereignisses an:

Ich für mich

Der Andere für mich

Ich für den Anderen

Alle Werte des tatsächlichen Lebens und der Kultur sind um diese grundlegenden architektonischen Punkte der tatsächlichen Handlungswelt herum angeordnet. Alle räumlich-zeitlichen und inhaltlich-sinnhaften

---

[24] Michail Bachtin, Zur Philosophie der Handlung, Berlin 2011.

[25] Karl Bühler, Sprachtheorie: Die Darstellungsfunktion der Sprache, ³Stuttgart [u.a.] 1999 [1934].

[26] Zitiert nach Sasse, a.a.O., 29.

[27] Martin Buber, Ich und Du. Mit einem Nachwort von Bernhard Casper, Stuttgart 2008; ders., Das dialogische Prinzip: Ich und Du. Zwiesprache. Die Frage an den Einzelnen. Elemente des Zwischenmenschlichen. Zur Geschichte des dialogischen Prinzips, Gütersloh ¹⁰2006.

Werte und Beziehungen bündeln sich zu diesen emotional-willentlichen, zentralen Momenten: ich, der andre und ich für den andern."[28]

Das Fragment „Theorie der Handlung" ist über weite Strecken eine Auseinandersetzung mit Kant, den Neukantianern Hermann Cohen und Heinrich Richert, sowie den Strömungen der Phänomenologie (Edmund Husserl, Max Scheler) und der Lebensphilosophie (Wilhelm Dilthey, Henri Bergson, Georg Simmel).

Zur – nicht allein literaturästhetischen – Analyse[29] dieser Zusammenhänge konzentriert sich Bachtin zunehmend auf das Verhältnis des Autors zu seinem Helden. Er exemplifiziert dies vor allem am Werk des russischen Dichters Fjodor Dostojewski[30] sowie später in einem umfangreichen Beitrag zum Werk des französischen Essayisten Pierre Rabelais.[31]

3.2 Außerhalbbefindlichkeit

Von schwerlich zu überschätzender Bedeutung der Literaturtheorie Bachtins ist der von ihm geprägte Begriff der „Außerhalbbefindlichkeit". Er bezeichnet damit die Position des ästhetischen Subjekts – also Autor und Leser! – gegenüber dem Produkt der ästhetischen Tätigkeit – dem Text und seinem Helden – zusammen. Die Position nämlich, in der sich Autor und Leser befinden, von wo ihre künstlerische, formende Aktivität ausgeht, kann bestimmt werden als zeitliche, räumliche und sinnbezogene Außerhalbbefindlichkeit gegenüber ausnahmslos allen Momenten des inneren architektonischen Felds des künstlerischen Sehens.

Bachtin plädiert für einen abschlusslosen, offenen und freibleibenden Umgang mit Texten. Alles was der andere prinzipiell nicht übers ich selbst wissen, nicht in sich beobachten und sehen kann besitzt in der Verfügung des ästhetischen Subjekts abschließende Funktion. Eine absolute Rundumsicht, eine totale Übersicht, eine letztgültige Deutung lehnt Bachtin als monologische Position ab bzw. bezeichnet sie als monologische Schreibwiese, die den anderen und dessen Horizont auslöscht. Die dialogische Sichtweise hingegen sieht er als „liebevolle Entfernung seines selbst aus dem Lebensfeld des Helden", als ein „teilnehmendes Verstehen" und als „das Abschließen des Ereignisses seines Lebens durch einen real-kognitiven und auch ethisch unbeteiligten Betrachter."[32]

---

[28] Zitiert nach Sasse, a.a.O., 34.
[29] Michail M. Bachtin, Die Ästhetik des Wortes, Frankfurt am Main 1979.
[30] Michail M. Bachtin, Autor und Held in der ästhetischen Tätigkeit (1941), Frankfurt am Main 2008.
[31] Michail M. Bachtin, Rabelais und seine Welt. Volkskultur als Gegenkultur, Frankfurt am Main 1995.
[32] Zitiert nach Sasse, a.a.O., 40.

Diese Sichtweise kulminiert in einem durch Einfühlung hervorgerufenen Verstehen: Hierbei geht es darum, den anderen bzw. den Helden von innen zu sehen – von einem äußeren Standpunkt aus –, mit dem Ziel, inneres und äußeres Sehen (und Hören) zu einem einheitlichen Ganzen zu formen. Das theoretische Konzept bietet hierbei drei mögliche Verhältnisbestimmungen zwischen Autor und Held:

Im ersten Fall beherrsche der Held den Autor. Der Autor sei dann nicht in der Lage, einen überzeugenden und dauerhaften Wertstandpunkt außerhalb des Helden einzunehmen; die gewählte Position außerhalb des Helden habe dann eher zufälligen, weder prinzipiellen noch überzeugenden Charakter; der Außenstandpunkt sei vielmehr instabil, d.h. er werde häufig gewechselt – je nach Entwicklung des Helden.

Im zweiten Fall beherrsche der Autor den Helden, indem er die abschließenden Momente den Helden selbst erledigen lässt, so dass die Beziehung des Autors zum Helden sich fast in eine Beziehung des Helden zu sich selbst verwandelt. Dies komme vor allem in autobiografischen Texten und in der Romantik vor, wo der Held prinzipiell nicht abzuschließen ist, er wächst innerlich über jede totale, ihm nicht adäquate Bestimmung hinaus.

Im dritten Fall schließlich ist der Held sein eigener Autor, durchdenkt seine eigenes Leben ästhetisch, als spiele er eine Rolle. Ein solcher Held genügt im Unterschied zum unendlichen Helden der Romantik und dem unerlösten Helden Dostojewskis sich selbst und ist unangefochten abgeschlossen.

Exemplarisch sieht Bachtin die monologische Schreibweise im Werk Tolstois die dialogische hingegen im Werk Dostojewski präsentiert. Während Tolstoi die Position benutze, um den Helden abzuschließen und selbst eine festen Position außerhalb mit einem festen Horizont einzunehmen, sei bei Dostojewski der äußere Standpunkt von vornherein geschwächt und des abschließenden Wortes beraubt. Die Außerhalbbefindlichkeit wird für Bachtin also zum Gradmesser für das dialogische Verhältnis von Autor und Held. Es entscheidet über die Offenheit des literarischen Werkes und über die ihn ihm angelegte Ambivalenz. Sie ist nun allerdings in positiver Abzweckung der Einsatzpunkt des Konzepts der Dialogizität.

3.3 Polyphonie und Dialogizität

Im Frühjahr 1929 veröffentlichte Michael Bachtin sein erstes Buch unter dem Titel „Probleme des Schaffens von Dostojewski". Erst vierzig Jahre später sollten die darin enthaltenen Thesen im Westen erste Wirkungen zeigen. In der damaligen Sowjetunion wurde der Autor hingegen der konterrevolutionären Agitation angeklagt und in den GULAG verbannt.

In seiner Dostojewski-Interpretation entfaltet Bachtin die These einer spezifischen Beziehung zwischen Autor und Held: „Das Ereignis des Lebens des Textes, d.h. sein eigentliches Wesen, entwickelt sich immer an der Grenze zweier Bewußtseine, zweier Subjekte".[33] In Dostojewskis Schaffen sieht Bachtin eine neue Sehweise, „ein völlig neues künstlerisches Weltmodell" hervorgebracht: „Die Vielfalt selbständiger und unvermischter Stimmen und Bewußtseine, die echte Polyphonie vollwertiger Stimmen."[34] Der Begriff der Polyphonie und des Dialogischen fallen in den weiteren Ausführungen nahezu in eins: „Der polyphone Roman ist durch und durch dialogisch."

Der Roman Dostojewskis setzt sich demnach aus vollwertigen, nebeneinander koexistierenden Stimmen zusammen: „Das Wesen der Polyphonie besteht gerade darin, dass die Stimmen selbständig bleiben und als solche in eine Einheit höherer Ordnung, als es die Homophonie ist, aufgehen. [...] Man könnte sagen: der künstlerische Wille der Polyphonie ist der Wille zur Verbindung vieler Willensakte, der Wille zum Ereignis." Diese Form der Mehrstimmigkeit nimmt Bachtin freilich nicht allein zwischen den Stimmen war, sondern auch innerhalb einer Stimme: „In jeder Stimme konnte er (Dostojewski) zwei miteinander streitende Stimmen hören, in jeder Äußerung einen Bruch und die Bereitschaft, sofort zu einer anderen, entgegen gesetzten Äußerung überzugehen; in jeder Geste entdeckte er Sicherheit und Unsicherheit zugleich; er begriff die tiefe Zweideutigkeit und Vieldeutigkeit jeder Erscheinung."[35]

Dialogizität und Polyphonie ergänzen terminologisch einander: Die einzelnen, vollwertigen Stimmen des Romans interagieren, treten in Wechselbeziehungen, Antworten einander, provozieren und antizipieren weitere Reaktionen. In jedem Wort ist darum ein anderes, ein fremdes Wort präsent, als mitverstandenes, als entgegengesetztes oder als verworfenes Wort. Insofern ist der Roman bei Dostojewski so angelegt, dass der Autor nicht über, sondern mit dem Helden spricht!

---

[33] Zitiert nach Sasse, a.a.O., 83.
[34] Zitiert nach Sasse, a.a.O., 84.
[35] Zitiert nach Sasse, a.a.O., 85 – Vgl. dazu auch die inhaltliche Nähe zur Homophoniekritik Derridas; Jaques Derrida, Die „différance", in: Jacques Derrida (Hg.), Randgänge der Philosophie, Wien 1988, 29–52.

Für die an anderer Stelle bereits eingeführte Kategorie der Offenheit entwickelt Bachtin im Kontext seiner Romaninterpretation ein sehr sprechendes Bild: das der Hintertür. Der Begriff im Russischen impliziert eben das, was auch die deutsche proverbiale Verwendung „sich eine Hintertür offen lassen" konnotiert. Sie bedeutet, „sich die Möglichkeit offen zu halten, den letzten endgültigen Sinn seines Wortes ändern zu können. Deshalb ist das Wort mit Hintertür immer nur „ein vorletztes Wort und setzt nur einen bedingten, keinen endgültigen Punkt". Für Bachtin steht die Hintertür also vor allem für die Möglichkeit einer Änderung des Sinnes. Man lässt es etwas offen, setzt keinen Punkt, findet keinen Abschluss, sondern kalkuliert die Möglichkeit ein, dem gerade Gesagten in der Zukunft eine andere Wendung geben zu können. Freilich legt man diese Option nicht offen und behält dem gewählten Wort eine Offenheit bei, die es als Chamäleon erscheinen lässt: das Wort passt sich den semantischen Bedingungen seiner Umwelt an.

Bachtins Theorie richtet sich – ähnlich dem Ansatz Friedrich Nietzsches in seiner „Genealogie der Moral"[36] – gegen verheimlichte und verborgen gehaltene Überwältigungsprozesse, gegen Prozesse der Usurpation und auch der Identifikation. Sein dialogisches Erkenntnisprinzip, strebt weder die Tilgung des Vergangenen oder des Anderen an, noch die Tilgung des eigenen durch Identifikation mit dem anderen.

„Um Gottes Willen Klarheit!" höre ich den einen rufen und andere beschwören die ewige, unverrückbare Wahrheit. Schließlich ist Theologie kein Roman und der Streit um die Wahrheit von Glaubensaussagen alles andere als die virtuelle Arena der emotionalen Verzweiflung eines literarischen Helden aus der Zeit des Expressionismus.

Um der gebotenen Klarheit willen, will ich darum nicht vorschnell Bachtin – einen im Übrigen agnostischen und einem theoretischen Marxismus zuneigenden Denker – christlich vereinnahme. Festzuhalten ist freilich, dass seine Literaturtheorie ein in hohem Maße anregendes Model einer interpretationsoffenen Textrezeption vorstellt, welches ermöglicht, die eigene Position und Identität im Gegenüber zu einer anderen zu bewähren und zu entfalten. Die dabei frei werdenden Modifikationen ermöglichen das gleichberechtigte Miteinander jenseits von Konsens, Beschränkung und Zurücknahme. Bevor ich das in meinem letzten Abschnitt ein wenig entfalte möchte ich aber den Blick auf eine weitere, geografisch sich einer völlig anderen Region dieser Welt verdankenden philosophischen Strömung werden, die geeignet erscheint, das theoretische Potential der

---

[36] Ottfried Höffe (Hg.), Friedrich Nietzsche. Zur Genealogie der Moral, Berlin 2004.

Bachtinschen Literaturanalyse pragmatisch und handlungsorientierend zu wenden: der amerikanische Pragmatismus.

4. Der amerikanische Pragmatismus auf der Suche nach der Kreativität

Der amerikanische Pragmatismus[37] lässt sich als eine Philosophie der Kreativität beschreiben, die versucht „eine Welt verständlich zu machen, in der Kreativität möglich ist."[38] So unterschiedlich die Wurzeln dieser Bewegung, so vielfältig auch die Ausgestaltungen verschiedenster Ansätze in den Sprach-, Kultur-, Sozial- und Naturwissenschaften. Die Motive des Handelns werden im Pragmatismus nicht etwa wie im Utilitarismus als gegebene Ziele, die Akteure nutzenmaximierend realisieren wollen, gesehen; freilich auch nicht als internalisierte soziale Normen, die die Handlungen der Akteure kanalisieren, sondern als Handlungsprobleme und Konflikte, die durch experimentelles Handeln überwunden werden müssen. Akteure koordinieren demnach ihre Handlungen, um Handlungsunsicherheiten zu überwinden und nicht aufgrund innerer Sanktionen (Normativismus) oder aufgrund eines Nutzenkalküls (Utilitarismus).

Der Pragmatismus entwickelt seit dem letzten Drittel des 19. Jahrhunderts in Auseinandersetzung mit der europäischen Bewusstseinsphilosophie neue Antworten auf alte philosophische Grundfragen: Wie ist Erkenntnis möglich? Wie entstehen Bedeutungen? Was ist Wahrheit? Die Hauptaussage lautet dabei, dass Erkenntnisse durch kreative Lösung von Handlungsproblemen gewonnen werden. Bewusstsein und Verstandeskräfte sind nicht Voraussetzungen, sondern Ergebnis des Handlungsprozesses. Die Bedeutung von Objekten und Sachverhalten wird von den Handelnden in Verwendungszusammenhängen oder Gebrauchssituationen definiert. Mithin ist auch die Objektivität oder Wahrheit von Aussagen das

---

[37] Vgl. zum Folgenden: A. J. Ayer, The Origins of Pragmatism: Studies in the Philosophy of Charles Sanders Peirce and William James. New York 1968; Alexander Gröschner – Mike Sandbothe, Pragmatismus als Kulturpolitik. Beiträge zum Werk Richard Rortys, Berlin 2011; David L. Hildebrand, Beyond Realism and Antirealism: John Dewey and the Neopragmatists, Memphis 2003; Joseph Margolis, The Unraveling of Scientism: American Philosophy at the End of the Twentieth Century. Ithaca 2003; ders., Reinventing Pragmatism: American Philosophy at the End of the Twentieth Century, Ithaca 2002; Douglas McDermid, The Varieties of Pragmatism: Truth, Realism, and Knowledge from James to Rorty, London – New York 2006; Ludwig Nagl, Pragmatismus, Frankfurt – New York 1998; Hans Joas, Pragmatismus und Gesellschaftstheorie, Frankfurt am Main ²1999; Daniel Tröhler – Thomas Schlag – Fritz Osterwalder (Hg.), Pragmatism and Modernities, Rotterdam u.a. 2010.

[38] Hans-Joachim Schubert u.a., Pragmatismus zur Einführung, Hamburg 2010, 9.

Ergebnis des Diskurses der Kommunikationsgemeinschaft. Ausgangspunkt dafür, dass sich Erkenntnisse, Bedeutungen und Wahrheiten entwickeln, ist weder das Bewusstsein Einzelner noch die materielle Umwelt, sondern das Handeln, der Prozess symbolischer Interaktion. Im Folgenden beschränken wir uns auf einige grundlegende Aspekte des Pragmatismus, die für die ökumenische Arbeit der Zukunft fruchtbar erscheinen. Dazu zählt der semiotische Pragmatismus von Charles Saunders Peirce, die Prozessanalytik und Rekonstruktion symbolischer Interaktion der Chicago School of Sociology und der Neopragmatismus am Beispiel der Arbeiten von Hans Joas.

4.1 Charles Saunders Peirce und die Philosophie der Kreativität

Charles Sanders Peirce (* 10. September 1839 in Cambridge, Massachusetts; † 19. April 1914 in Milford, Pennsylvania) war ein US-amerikanischer Mathematiker, Philosoph und Logiker.[39] Er gehört neben William James und John Dewey zu den maßgeblichen Denkern des Pragmatismus; außerdem gilt er als Begründer der modernen Semiotik. Peirce beschäftigte sich mit logischen Schlussfolgerungsweisen und führte neben der bekannten Induktion und Deduktion die Abduktion (Hypothese) als dritte Schlussfolgerungsweise in die Logik ein. Aus der Abfolge von Abduktion, Deduktion und Induktion entwickelte er einen erkenntnis- und wissenschaftstheoretischen Ansatz.

Ausgangspunkt eines Erkenntnis- und Handlungsprozesses ist nach Peirce nicht mehr der cartesianische Zweifel an allen Überzeugungen, sondern an Überzeugungen oder Handlungsgewohnheiten, die aufgrund von Zweifeln und Handlungshemmungen fragwürdig geworden sind. Durch sie werden wir motiviert, nachzudenken. Theoretisch gesprochen vollzieht

---

[39] Zur Einführung siehe Elisabeth Walther, Charles Sanders Peirce. Leben und Werk, Baden-Baden 1989; Ludwig Nagl, Charles Sanders Peirce, Frankfurt a.M. – New York 1992; Klaus Oehler, Charles Sanders Peirce, München 1993; Helmut Pape, Charles S. Peirce zur Einführung, Hamburg 2004; James Jakób Liszka, A General Introduction to the Semiotic of Charles Sanders Peirce, Bloomington – Indianapolis 1996; Louis Menand, The Metaphysical Club, New York 2001; Karl-Hermann Schäfer, "Peirce: Kommunikationstheorie als Semiotik", in: Karl-Hermann Schäfer, Kommunikation und Interaktion. Grundbegriffe einer Pädagogik des Pragmatismus, Wiesbaden 2005, 63–116; Gerhard Schönrich, Zeichenhandeln. Untersuchungen zum Begriff einer semiotischen Vernunft im Ausgang von Ch. S. Peirce, Frankfurt/Main 1990; Uwe Wirth (Hg.), Die Welt als Zeichen und Hypothese. Perspektiven des semiotischen Pragmatismus von Charles S. Peirce, Frankfurt/Main 2000. – Dass die Semiotik von Charles Saunders Peirce auch theologisch hoch anschlussfähig ist, bewiesen zuletzt Hermann Deuser, Gottesinstinkt. Semiotische Religionstheorie und Pragmatismus, Tübingen 2004; ders,. Religionsphilosophie, Berlin 2009, und Gesche Linde, Zeichen und Gewißheit. Semiotische Entfaltung eines protestantisch-theologischen Begriffs, Tübingen 2013; letztere mit einer im deutschen Sprachraum bisher einmaligen und hoch innovativen Lutherinterpretation 331–726.

sich in diesem Perspektivwechsel der Übergang von einer Bewusstseinsphilosophie zu einer der Handlung.

In fruchtbarer Auseinandersetzung mit dem Körper-Geist-Dualismus
des abendländischen Denkens entwickelt Peirce grundlegende Ansätze zur
Semiotik, Bedeutungs- und Wahrheitstheorie. Erkenntnisse können danach
nur vermittelt über Interpretations- und Handlungsprozesse gewonnen werden. Den bisher vorherrschenden Begriff der Intuition lehnt Peirce auch im
Blick auf körperliche Erfahrungen oder sinnliche Eindrücke ab. Sie stehen
mit der Tätigkeit des Verstandes in enger Wechselbeziehung: Die sinnliche
Wahrnehmung wird immer durch die vergleichende und Schlüsse ziehende
Tätigkeit des Verstandes strukturiert. Der Verstand andererseits würde
ohne sinnliche Einrücke nicht nur leer bleiben, sondern tatsächlich entwickelt er sich erst aufgrund der Auseinandersetzung mit Widerständen der
Außenwelt. Der cartesianische Geist-Dualismus wird handlungstheoretisch
aufgelöst. Unser Bewusstsein über die Bedeutung der Dinge entsteht im
tätigen oder denkerischen Gebrauch mit diesen Dingen – im Rahmen von
„praktischer Intersubjektivität" (Hans Joas).

Die Intersubjektivität erweist sich als Schlüssel der methodischen
Transformation der handlungstheoretischen Grundlegung. Ausgehend von
der Frage nach der direkten Wahrnehmung der inneren Welt, der subjekti-
ven Gefühls- oder Erfahrungswelt ohne Vermittlung der äußeren, objekti-
ven oder sozialen Welt, konstatiert Peirce, dass selbst subjektive Gefühle
nicht als innere Tatsachen gegeben sind, sondern erst in der Auseinandersetzung mit der Außenwelt entstehen. Erkenntnisse entstehen durch die
symbolische Vermittlung von Objekten der Außenwelt, sie können deshalb
nicht vor der Erfahrung der Außenwelt durch Introspektion des Bewusst-
seins gewonnen werden: „Wir haben kein Vermögen der Introspektion,
sondern alle Erkenntnis der inneren Welt ist durch hypothetisches Schlussfolgern aus unserer Erkenntnis äußerer Fakten abgeleitet."[40]

Gewissheiten entstehen also nicht durch die „Methode der Autorität"
(indem wir glauben, um zu verstehen) – und auch nicht durch die „Methode
der Apriorität" indem wir vor aller Erfahrung introspektiv unser Bewusstsein ergründen, sondern durch die „Methode der Wissenschaft", durch hypothetisches Schlussfolgern aus unserer Erkenntnis äußerer Fakten im Hinblick auf die Zustimmung einer unendlichen Kommunikationsgemeinschaft.

---

[40] Karl-Otto Apel (Hg.), Charles S. Peirce. Schriften zum Pragmatismus und Pragmatizismus,
Frankfurt am Main 1976, 42.

Peirce unterscheidet drei Formen wissenschaftlichen Folgerns:

Deduktion
In Gestalt der klassischen Form des praktischen Syllogismus wird ein Obersatz (Regel) mit einem Untersatz (Fall) zu einer Konklusion (Resultat) gefügt.
Regel: Alle Menschen sind sterblich.
Fall: Henoch und Elias waren Menschen.
Resultat: Henoch und Elias waren sterblich

Induktion
Die Induktion schließt umgekehrt vom Besonderen (Fall) in Relation zum Ergebnis (Resultat) auf eine allgemein gültige Regel
Fall: Henoch und Elias waren Menschen
Resultat: Henoch und Elias sind gestorben.
Regel: Menschen sind sterblich.

Abduktion
Ein abduktiver oder hypothetischer Schluss erfolgt, wenn wir eine Induktion völlig über die Grenzen unserer Erfahrung hinaus ausweiten. Etwa, wenn wir nicht nur das, was wir für einige Fälle wissen, für alle annehmen wie bei der Induktion, sondern wenn wir auf einen neuen Fall schließen, der zu einer neuen Regel führt. Die Abduktion oder Hypothese ist der Schluss von Regel und Resultat auf einen Fall.
Regel: Alle Menschen sind sterblich
Resultat: Henoch und Elias sind gestorben.
Fall: Henoch und Elias sind Menschen

Gleiches ist in der kreativen Abduktion dadurch gekennzeichnet, dass sie nicht nur Fälle klassifiziert, sondern dass sie eine neue Erklärung des Zusammenhangs von Regel, Resultat und Fall in Aussicht stellt.

Aus psychologischer Sicht beschreibt Peirce das Auftauchen einer neuen Idee wie ein schockartiges Erlebnis: „Die abduktive Vermutung (suggestion) kommt uns wie ein Blitz. Sie ist ein Akt der Einsicht, obwohl extrem fehlbarer Einsicht. Zwar waren die verschiedenen Elemente der Hypothese schon vorher in unserem Verstande; aber erst die Idee, das zusam-

menbringen, welches zusammenzubringen wir uns vorher nicht hätten träu-
men lassen, lässt die neu eingegebene Vermutung vor unserer Betrachtung
aufblitzen."[41]

Analog der später weitreichend rezipierten Deutung kommunikativer
Verhältnisse mit Hilfe des Bühlerschen Organonmodells als eines Relatio-
nengeflechts zwischen Sender, Empfänger und Nachricht, definiert Peirce
das Verhältnis zwischen Objekt und Subjekt als ein dreifältiges, nämlich
als Relation zwischen Interpretanten, dem Objekt und den verwendeten
Zeichen. Erkenntnisse können wir nur durch zeichenvermitteltes abdukti-
ves Schließen auf äußere Tatsachen (Objekte) gewinnen. Die Bedeutung
von Objekten entsteht mithin in einem interpretativen oder praktischen
Umgang – im Gebrauch – mit diesen Objekten, im Rahmen intersubjektiver
handlungs- oder Kommunikationszusammenhänge. Die Wahrheit oder
Geltung der gewonnenen Bedeutungen stabilisiert sich dann im Hinblick
auf die räumliche und zeitliche Ausweitung dieser Handlungs- und Kommunikationszusammenhänge. Die Idee einer „unendlichen Kommunikationsgemeinschaft" reguliert bei Peirce den Anspruch auf Wahrheit. „Das
Reale ist also das, in dem schließlich früher oder später Informationen und
schlussfolgerndes Denken resultieren würden und das daher unabhängig
von meinen und deinen Einfällen ist. So zeigt eben der Ursprung des Begriffs der Realität, dass dieser Begriff wesentlich den Gedanken einer Gemeinschaft einschließt, die ohne definitive Grenzen ist und das Vermögen
zu einem definitiven Wachstum der Erkenntnis besitzt."[42] Der Maßstab für
die Geltung von Aussagen über Objekte oder Sachverhalte ist die argumen-
tative Zustimmung der Kommunikationsgemeinschaft.

Das hat unmittelbar praktische Konsequenzen: Wenn einer die Vorstellung eines gewissen Wortes mit einer Sache, der andere mit einer anderen
Sache verbindet, kommt es nicht auf transzendentale Verstandeskräfte an,
die die Einheit der Mannigfaltigkeit herstellen können, wie Kant sagt, sondern auf die Verständigung zwischen dem einen und dem anderen. Der eine
kann im Diskurs oder im gemeinsamen Handeln mit dem anderen klären,
welche einheitliche Bedeutung beide mit dem Wort verbinden, und wenn
sie sich nicht einigen können, können sie mit weiteren Diskursteilnehmern
über die Verwendung der bedeutungsstrittigen Objekte verständigen. Lo-
gisches Schließen ist nach Peirce also ein semiotisch vermittelter und deshalb sozialer Prozess. Wenn die Logik auf einem „sozialen Prinzip" beruht,
kann sich die Wahrheit eines logischen Schlusses nicht nur in Bezug auf

---

[41] Peirce a.a.O., 404.
[42] Peirce a.a.O., 76.

das Forschungsobjekt beweisen, sondern muss einer intersubjektiven Prüfung der Forschergemeinschaft standhalten.[43]

Das kommunikationsphilosophische Modell kreativen Handelns erweist sich bei Peirce als eine immer wiederkehrende, zirkuläre Bewegung von Handlungsgewohnheiten (praktisches Bewusstsein), Handlungshemmungen (Krisenbewusstsein), Experimenten (experimentellem Bewusstsein) und der Legitimation der gefundenen Lösung (diskursives Bewusstsein).

4.2 Prozessanalyse und Rekonstruktion symbolischer Interaktion

Zwischen 1895 und 1940 dominierte in den USA die Chicago School of Sociology das Feld der empirischen Sozial- und Gesellschaftswissenschaften. In Fortsetzung der Entfaltung des pragmatischen Grundgedankens von Peirce durch John Dewey[44] und George Herbert Mead[45] war zunächst eine philosophische Schule in Chicago entstanden. Aus ihr heraus entwickelte die sich neu etablierende Wissenschaft der Soziologie ihr Theoriekonzept.[46] Ihr ging es darum Prozesse der Aushandlung und Konstitution individueller Zwecke, sozialer Normen und kultureller Werte zu untersuchen. Angeleitet von William I. Thomas und Robert E. Park hat die Chicago School in ihren klassischen empirischen Arbeiten vor allem die experimentelle Konstitution reflexiver Normen, Institutionen und Organisationen, posttraditionaler Lebensstile und Milieus sowie schöpferischer Persönlichkeits- und Charaktertypen – jenseits von Gemeinschaft und Gesellschaft – untersucht.

Auf der Basis zahlreicher empirischer Analysen des enormen Wandels der amerikanischen Sozialstruktur am Beispiel der urbanen Entwicklung Chicagos vermögen die Vertreter des soziologischen Pragmatismus zu zei-

---

[43] Vgl. Schubert, Pragmatismus zur Einführung, 24f.

[44] Vgl. einführend dazu George Dykhuizen, The life and mind of John Dewey, Carbondale 1974; Hans Joas (Hg.), Philosophie der Demokratie. Beiträge zum Werk von John Dewey, Frankfurt am Main 2000; Heidi Salaverría, Spielräume des Selbst. Pragmatismus und kreatives Handeln, Berlin 2007; Martin Suhr, John Dewey zur Einführung, Hamburg 2005.

[45] Vgl. George Herbert Mead, Geist, Identität und Gesellschaft, Frankfurt a.M. 1968; Filipe Carreira Da Silva, G. H. Mead. A Critical Introduction, Cambridge 2007; Hans Joas, Praktische Intersubjektivität. Die Entwicklung des Werkes von George Herbert Mead, Frankfurt am Main ²2000; Harald Wenzel, George Herbert Mead zur Einführung, Hamburg 1990.

[46] Martin Bulmer, The Chicago School of Sociology, London 1984; Horst Kern, Empirische Sozialforschung. Ursprünge, Ansätze, Entwicklungslinien, München 1982; Hans-Joachim Schubert, The Chicago School of Sociology. Theorie, Empirie und Methode, in: Jahrbuch für Soziologiegeschichte 2007, 119–166.

gen, dass sich die soziale Ordnung als permanenter Definitions-, Interpretations- und Wandlungsprozess konzeptualisiert und die als Struktur übergeordneter Normen und Werte oder rationaler bzw. funktionaler Institutionalisierung. Insbesondere die dramatischen Entwicklungen der 20ger und 30ger Jahre des letzten Jahrhunderts eignen sich kaum zur monokausalen Deutung im Sinne eines bloßen Reflexes auf die ökonomische Krise im Wandel von industrialisierter Gesellschaft zu einer Dienstleistungswirtschaft oder pauschal als Resultat eines allgemeinen Wertewandels. William I. Thomas hat dafür mit dem Begriff der „Definition der Situation" die theoretischen Grundlagen erarbeitet: Unsicherheit kennzeichnet danach – neben den Gewissheiten individueller Ziele, sozialer Normen und kultureller Werte – jede konkrete Handlungssituation. Deshalb ist die Definition sowohl „objektiver" kultureller Werte und sozialer Strukturen als auch „subjektiver" Einstellungen und Persönlichkeitsmerkmale integrierter Bestandteil des Handlungsprozesses.[47]

Der entscheidende Fortschritt der Chicago School of Sociology besteht nun darin das theoretische Konzept des Pragmatismus methodisch zu operationalisieren. Zunächst provoziert durch das Missverhältnis zwischen spekulativen Theoriebehauptungen der ersten Soziologengeneration eines Herbert Spencer, Auguste Comte oder Lester Frank Ward und den persönlich gemachten Alltagserfahrungen mussten Untersuchungsmethoden gefunden werden, die den Boden für eine spätere, i.a. nachträgliche Theoriebildung allererst bereiten sollten. Durch praxisnahe Sozialforschung sollte sowohl die ethnozentrische Perspektive der spekulativen Soziologie als auch die Standortgebundenheit des Alltagswissens überwunden werden.

In seinen methodologischen Vorbemerkungen zur empirischen Studie „The Polish Peasant in Europe and America" (1918–1920) reflektiert Thomas zum ersten Mal kritisch die Bedeutung und Funktion des sog. „Alltagswissens", der Summe jener Überzeugungen, die wir durch alltägliche Erfahrungen gewonnen haben. Ihre theoretische Generalisierung führt zu einem „planlosen Empirismus", denn „die Bekanntschaft des einzelnen mit der sozialen Realität ist stets begrenzt und stellt nur einen kleinen Teil der ganzen Komplexität sozialer Tatsachen dar. Sie erstreckt sich meist nur über eine Gesellschaft, häufig nur über eine einzige Klasse innerhalb dieser Gesellschaft." Neben dieser äußeren Begrenztheit schränkt allerdings auch eine innere die Verallgemeinerungsfähigkeit individueller Beobachtung

---

[47] William Isaac Thomas – Dorothy Swaine Thomas, The child in America: Behavior problems and programs, New York 1928, 572.

stark ein: die gemachten Umwelterfahrungen gelten nur für den Einzelnen und für diesen in einer ganz bestimmten sozialen Stellung.[48]

Darüber hinaus verbietet sich die Generalisierung empirischer Details des „allgemeinen Menschenverstandes" aus zwei weiteren Gründen: Erstens ist nicht zweifelsfrei davon auszugehen, dass die Menschen auf die gleichen Einflüsse gleich reagieren, ohne Rücksicht auf ihre individuelle oder soziale Vergangenheit. Zweitens kann nicht vorausgesetzt werden, dass die Menschen spontan, ohne äußere Einflüsse, Tendenzen entwickelt, welche sie in die Lage versetzen, gegebene Bedingungen voll und einheitlich auszunutzen.[49]

Weil objektive Bedingungen und bestehende Einstellungen in konkreten sozialen Situationen definiert werden, muss die empirische Sozialforschung bei der Untersuchung sozialer Phänomene einerseits Dokumente und Daten verwenden, die kulturelle Muster und gesellschaftliche Strukturmerkmale repräsentieren (z.b. Statistiken und Berichte von Ämtern und Institutionen), und andererseits solche Dokumente, die zeigen, wie diese Bedingungen von Individuen im Handlungsprozess definiert werden (z.b. biografische Interviews, persönliche Briefe oder Tagebücher), so dass Sozialforscher den reziproken Prozess der Konstitution von Strukturen und Persönlichkeitsmerkmalen rekonstruieren können. Mit seiner „biographischen Methode" will Thomas verständlich machen, wie objektive Bedingungen von Akteuren in konkreten Handlungssituationen definiert werden.

Die pragmatische Semiotik von Charles Saunders Peirce und die empirische Sozialforschung der Chicago School of Sociology verhalten sich wie die theoretische und die praktische Seite ein und derselben Medaille, in diesem Fall die systematische Beantwortung der Frage wie persönliche Erfahrung entsteht und vermittelt wird. In beiden Fällen handelt es sich um deskriptive bzw. interpretative Modelle, die helfen können, bestehende Situationen und Prozesse zu verstehen. Im abschließenden fünften Abschnitt ist zu klären, wie diese jenseits von Theologie und Kirche gewonnenen Theorieansätze für das interkonfessionelle Gespräch fruchtbar gemacht werden können. Zuvor ist allerdings noch ein letzter Aspekt näher zu untersuchen, nämlich die Frage, was wir denn tun sollen. Theoretisch formuliert, die Frage nach einer pragmatischen Handlungstheorie.

---

[48] William I. Thomas, Person und Sozialverhalten, Neuwied a.R. u.a. 1965, 65.
[49] Thomas, Person und Sozialverhalten, 69.

4.3 Hans Joas – Kreativität des Handelns

Dazu wenden wir uns dem deutschen Soziologen und Sozialphilosophen Jans Joas (* 1948) zu. Er hat sich intensiv mit dem amerikanischen Pragmatismus, der Werteforschung, Religionssoziologie sowie der Soziologie von Krieg und Gewalt beschäftigt. Er hat in den frühen 90ger Jahren des vergangenen Jahrhunderts eine Theorie der Kreativität des Handelns entwickelt,[50] die das Handeln nicht unmittelbar mit einer Theorie der Rationalität verbindet. Die Rationalmodelle des Handelns können die phänomenale Vielfalt menschlichen Handelns nicht erfassen, so dass die Kreativität, die allem menschlichen Handeln zugrunde liegt, unentdeckt bleibt.

Freilich gibt Joas die Frage nach der Rationalität nicht ganz auf, sondern gewinnt einen Begriff situierter oder integrierter Kreativität, der es erlaubt verschiedene Formen kreativen Handelns auseinanderzuhalten und auch zu beurteilen. Der Soziologe will mit seiner Theorie der Kreativität des Handelns sowohl den postmodernen Zweifel an der Bedeutung rationalen Handelns als auch das Ziel der modernen Sozialwissenschaft, nämlich die Aufklärung unbewusster Handlungsstrukturen und nicht-intendierter Handlungsfolgen aufnehmen.

Auf dem Weg zu einem Programm einer handlungstheoretisch begründeten, nicht-funktionalistischen Makrosoziologie hat Joas zunächst die begriffliche und empirisch-analytische Stärke der pragmatischen Handlungstheorie im historischen und systematischen Vergleich herausgearbeitet. Dabei klärt er zunächst darüber auf, dass die in der Soziologie so wichtige Alternative zwischen Utilitarismus und Normativismus nicht zwingend ist. Allerdings blieben die Elemente einer Theorie kreativen Handelns, obwohl in den Klassikern der Soziologie durchaus nachweisbar, insgesamt randständig. Hingegen wurden in der Philosophie wichtige „Metaphern der Kreativität" entworfen, die allerdings entweder nur bestimmte Formen der Kreativität betonen („Ausdruck", „Produktion", „Revolution") oder die empirische Situiertheit kreativen Handelns nicht wiedergeben („Leben"). Erst die Orientierung des Pragmatismus an den Metaphern „Intelligenz" und „Rekonstruktion" bietet Anschlussfähigkeit für eine Handlungstheorie, die weder die Zielorientiertheit (Teleologie) noch die Rationalität, sondern die Kreativität des Handelns als Ausgangspunkt wählt.

Mit seinem kreativitätstheoretisch revidierten Handlungsbegriff rückt Joas dann unter dem Stichwort „kreative Demokratie" kollektive Hand-

---

[50] Hans Joas, Die Kreativität des Handelns, Frankfurt am Main 1992.

lungsprozesse in das Zentrum einer makrosoziologischen Theorie der sozialen Ordnung und des sozialen Wandels.[51] Vor diesem Hintergrund vermag er schließlich soziale Phänomene und soziale Probleme der heutigen Zeit mithilfe unterschiedlicher Formen der Kreativität zu beurteilen. Freilich urteilt er nicht mit den Maßstäben der Nutzenmaximierung oder Strukturerhalten und kann so die unglückliche Alternative von Rationalität versus Irrationalität oder Moderne versus Postmoderne unterlaufen.[52]

Wir sind am Ende zweier weitreichender Exkurse zur ästhetischen Literaturtheorie Michail Bachtins unter dem Begriff der „Dialogizität" und der Frage nach der Kreativität des Handelns in der Tradition des amerikanischen Pragmatismus angelangt. In einem abschließenden letzten Teil ist nun danach zu fragen, in welcher Weise die vorgestellten Theorieansätze für die Fragen und Probleme des interkonfessionellen Dialogs der Gegenwart fruchtbar gemacht werden können.

5. Applikation: Dogmatik in ökumenischer Verantwortung

Diese Zusammenfassung wird auf insgesamt sechs Thesen reduziert. Vorauszuschicken ist allerdings der Hinweis, dass es sich hierbei um ein Experiment ideengeschichtlicher Applikation handelt, dessen pragmatische Akzeptanz aussteht. Im interkonfessionellen Dialog der letzten Jahrzehnte wurden vornehmlich innertheologisch entwickelte und approbierte Methoden verwandt, denen allzu häufig eine konfessionelle Note eignet. Exemplarisch lässt sich das leicht am unterschiedlichen Verständnis dogmengeschichtlicher Arbeit im protestantischen Bereich und dem Ansatz römisch-katholischer Dogmenhermeneutik illustrieren.[53]

5.1 Zur Theorie kommunikativen Handelns

Bachtins Theorie der Architektur zwischenmenschlicher Beziehungen stellt das klassische Kommunikationsmodell zwar nicht in Frage, ergänzt

---

[51] Hans Joas, Die Entstehung der Werte, Frankfurt am Main 1999, sowie ders., Philosophie der Demokratie.

[52] Hans Joas, Sakralität der Person. Eine neue Genealogie der Menschenrechte, Frankfurt am Main ³2011.

[53] Vgl. etwa protestantischerseits die Entwürfe von Bernhard Lohse, Epochen der Dogmengeschichte, Münster ¹⁰2012, oder Wolf-Dieter Hauschild, Art. Dogmengeschichtsschreibung, in: TRE 9 (1982), 116–125; katholischerseits Josef Nolte, Dogma in Geschichte: Versuch einer Kritik des Dogmatismus in der Glaubensdarstellung, Freiburg 1971; Hubert Filser, Dogma, Dogmen, Dogmatik. Eine Untersuchung zur Begründung und Entstehungsgeschichte einer theologischen Disziplin von der Reformation bis zur Spätaufklärung, Münster 2001.

es aber um wichtige Dimensionen. Während Karl Bühler in der Mitte der dreißiger Jahre des vergangenen Jahrhundert von der Sender-Hörer-Nachricht-Beziehung ausging, konstituiert Bachtin ein anderes relationales Gefüge, das von

Ich für mich

Der Andere für mich

Ich für den Anderen.

Während klassische Kommunikationstheorien von einer gleichberechtigten Beziehung des Ich zum Du ausgehen und dies vor allem in der Philosophie Martin Bubers theoretisch begründet finden, räumt Bachtin dem Ich – i.e. dem handelnden, kommunizierenden, sendenden und empfangenen Subjekt – eine uneinholbare Vorrangstellung ein. Er trägt damit der Tatsache Rechnung, dass das Ich nur approximativ und in den seltensten Fälle in voller Übereinstimmung Aussagen über das Du bzw. den Anderen machen kann.

Für die Qualität beschreibender bzw. zuschreibender Aussagen im Kontext interkonfessioneller Kontroverstheologie heißt das, dass dieser Sorte von Texten ein hohes Maß an Konfliktpotential eignet, weil die Fremdbeschreibung mit der eigenen Sicht des jeweiligen Partners wenig zu tun hat. Eine beträchtliche Zahl theologiegeschichtlicher Arbeiten der vergangenen Jahrzehnte hat dies zur Genüge gezeigt. Freilich – das Bemühen ökumenischer Konsensbildung ging in der Regel davon aus, die historischen Irrtümer zu beseitigen und zu einer gemeinsamen, historisch bisher verdeckten Formulierung der Wahrheit zu gelangen.

Die Bachtinsche Literaturtheorie erteilt diesem Ansatz eine zunächst schmerzlich wahrzunehmende Absage. Es ist offenkundig gar nicht möglich, den Anderen in einer von ihm akzeptierten Weise zu beschreiben. Umso wichtiger erscheint dann freilich die Option, den Anderen in einer Weise zu beschreiben, dass die eigene Wahrnehmung und Rezeption im Zentrum steht. Dies dann freilich nicht, um die eigenen mit der fremden Position auf einer höheren Ebene wechselseitigen Verständnisses oder unter Absehung bisher trennender Elemente der jeweiligen Positionsbestimmung zu versöhnen, sondern die einander gegenüberstehenden Ansätze und Sichtweisen nebeneinander und komplementär aufeinander bezogen bestehen zu lassen. Weder der Konsens oder die Aufgabe eigener Identitätsmerkmale sind also das Ziel des Verständigungsdiskurses, sondern das gegenseitige Kennenlernen und die Entwicklung eines wachsenden Verständnisses unter der Vorgabe der Einheit des Anderen im Blickwinkel der Einheit der eigenen Person. Der Bachtinsche Ansatz wahrt so in besonderer Weise die jeweilige Einmalig- und Unverwechselbarkeit, ein im Blick auf die Theologische Anthropologie gewichtiger Teilaspekt christlicher Theologie.

Außerdem erweist sich in diesem Kontext die weitgehend unkritisch übernommene Vorstellung von der notwendigen Einheit der Aussagen als revisionsbedürftig. Nicht die Univozität, im Sinne Bachtins die Homophonie, ist das Ziel ökumenischer Verhandlung, sondern vielmehr eine harmonisch ausgerichtete Polyphonie. Dazu weiter unten mehr.

Im Blick auf die theologischen Kontroverspunkte heißt dies, dass sie nicht nur thematisiert werden sollten, sondern im Blick auf ihre Funktion zum theologischen Ganzen der konfessionellen Identität gewürdigt werden. Amt und Sakramente, Fragen des dritten Artikels insgesamt, aber auch deren Bedeutung für die Akzentuierungen des ersten und zweiten Artikels müssen hier neu zur Sprache gebracht werden.

Während die Literaturtheorie einerseits sehr stark die subjektive Dynamik des Wechselverhältnisses von Autor und Held thematisiert, wendet er sich der äußeren Thematik unter dem Begriff der Außenbefindlichkeit zu.

5.2 Außerhalbbefindlichkeit

Der Reiz der Anwendung der in den Wirren der stalinistischen Säuberungen der Sowjetunion einerseits und den ebenso dramatischen gesellschaftlichen Transformationen der nordamerikanischen Hemisphäre andererseits entstandenen Theorieansätze besteht darin, dass sie von der theologischen Wahrheitsfrage und ihrer impliziten Heuristik unbelastet sind. Gerade das aber erlaubt den Blick aus einer anderen, fremden und distanzierten Perspektive auf die Verwicklungen und Sackgassen kontroverstheologischer Argumentation. Was ideengeschichtlich in zahlreichen methodischen Konzepten unter Distanznahme verstanden wird, ist hier pointiert formuliert. Die Interpretation und innovative Weiterführung kontroverstheologischer Debatten ist nicht intrinsisch, von innen heraus zu leisten, sondern bedarf der kritischen Distanz und bei aller teilnehmenden Beobachtung auch wieder des Rückzugs auf Positionen außerhalb der Kontroverse.

Es ist das unbezweifelbare Verdienst der Literaturtheorie Bachtins hierfür einen geeigneten Ansatz angeboten zu haben, der der theologischen Wahrheitsfindung jenseits eines resignierten postmodernen Nivellements dienlich sein könnte. Eine Analyse der ökumenischen Bemühungen seit dem II. Vatikanischen Konzil in dieser Perspektive steht allerdings noch aus. Zumeist sind es kirchenamtliche Äußerungen oder aber die Interpretationen sich in bestimmter konfessioneller und/oder institutioneller Loyalitätsforderungen befindlicher Forscher, die das Bild der Rezeption des großen Aufbruchs der 60ger Jahre bestimmen. Auf die operationalisierte Methodik ist weiter unten noch näher einzugehen. Zunächst ist aber ein weiterer Aspekt zur Analyse ökumenischer Begegnungen zu berücksichtigen. Dass die kontroverstheologischen und die ihnen vorausgehenden oder folgenden politischen, kulturellen und sozialen Entwicklungen auf misslungenen Kommunikationsprozessen beruhen, ist inzwischen in der Forschung eine ebenso banale wie richtige Feststellung. Nicht nur die spektakuläre und wirkmächtige Auseinandersetzung zwischen Luther und Erasmus über den freien Willen, auch die zahllosen Einzelstellungnahmen der Reformatoren tragen in einem hohen Maße polemische, abgrenzende, im Sinne Bachtins eben monologische und abschließende Strukturmerkmale. Insbesondere die programmatischen und konfessorischen Texte aller beteiligten des konfessionellen Disputs sind wenig geeignet, das Klima eines offenen, aufeinander bezogenen Dialogs zu schaffen. Besonders dramatisch lässt sich das an Luthers Juden- und Türkenschriften sowie den polemischen Traktaten gegen die sog. „Schwärmer" dokumentieren. Sie dienen weitaus mehr der inneren Stärkung und Milieustabilisierung der sich konstituierenden Wittenberger Reformationskirche, als der tatsächlichen argumentativen Auseinandersetzung und respektvollen Klärung bestehender Unterschiede. Nicht allein hier, wohl aber in besonderer Weise liegt hierin die Vorbildfunktion assertorischer Rede historisch begründet.

Mithilfe der Bachtinschen Literaturtheorie lässt sich freilich nicht nur das historisch unübersehbare Scheitern konfessioneller Vergleichsbemühungen erklären, sondern auch für die Zukunft eine Sprach- und Dokumentationsgestalt entwickeln, welche die Engführung monologischer, homophoner und vor allem aber abgeschlossener Texte vermeidet. Dass dies schließlich auch einer theologischen Grundüberzeugung, nämlich der prinzipiellen Unvereinbarkeit menschlicher Rede von Gott mit der Wahrheit seines Seins im Sinne Augustins „si comprehendis non est deum" erleichtert die Adaption des ursächlich agnostischen Ansatzes.

5.3 Polyphonie und Dialogizität

Vor dem Hintergrund der Überzeugung, dass keine Überzeugung „an sich" existiert und von daher Wahrheit für sich beanspruchen kann, vermag Bachtin nun die Elemente der Innerlichkeit und Äußerlichkeit im Konzept der Polyphonie oder Dialogizität zu einer Einheit zu führen. Ebenso wie die je individuellen Wahrheitserfahrungen und deren theoretische Reflexion nicht per se nur aufgrund der individuellen Wahrnehmung prinzipiell nicht generalisierbar sind, benötigt jegliche individuelle Behauptung eines Wahrheitsanspruches im Wechselverhältnis zum erwarteten Respekt vor der eigenen Wahrheitskundgabe eben jene auch gegenüber widersprechenden und inkompatiblen Ansätzen. Diese Haltung kulminiert im Begriff der „hermeneutischen Demut".

Bei Bachtin geht es aber gerade nicht um die vereinzelte Erfahrung vom Zusammenstimmen scheinbar disparater Aussagen, sondern um die theoretische Behauptung eines in der Einheit von Kollektivbegriffen wie Mensch, Theologe, Wissender etc. implizit begründeten Gesamtzusammenhanges. So wie eine Aussage des sie äußernden Subjekts eine ihr vorausgehende wie auch eine ihr nachfolgende Geschichte hat, mithin zumindest einmal in einer dreifachen Beziehung des Früher, Jetzt und Bald steht, erhöht sich die theoretische Zahl von weiteren Bezügen exponentiell, je mehr Gesprächs- und Dialogpartner in den Aussagezusammenhang eintreten. Sie alle bringen vielfältige Dimensionen des Früher, Jetzt und Bald mit.

Nur unzureichend wird dieser Vielfalt der Begriff der Kontextualisierung oder Situativität gerecht. Wie an anderer Stelle ausgeführt, unterscheidet Bachtin ja über diese drei Dimensionen immer auch noch die jeweils innere von der äußeren Stimme und entwickelt daraus das Konzept der Intonation. Sie hat, wie in der dem Beispiel zugrunde liegenden Wirklichkeit musikalischer Aufführungen eben nicht nur die unmittelbare Harmonie zwischen verschiedenen Tönen eines Akkords, sondern darüber hinaus auch die jeweilige Obertonreihe des diese Töne hervorbringenden Instruments zu berücksichtigen. Es ist eben ein Unterschied, ob ich ein Streichquartett mit Geigen, Viola und Violoncello besetze oder aber die gleichen Melodienfolgen von vier unterschiedlich gestimmten Posaunen vortragen lassen.

Bachtin verwendet dafür den Begriff der Polyphonität, der bezeichnenderweise mit dem Begriff dessen, was er mit Dialogizität meint, weitgehend übereinstimmt. Zentraler Inhalt beider semantischer Metaphern ist die Offenheit des vorgetragenen Musikstückes oder Textes für die Interpretation des Hörers. Und in der Tat: noch im Hören verändert sich das Gehörte und wird Teil der eigenen Identität und Person.

Im Blick auf das ökumenische Gespräch der Gegenwart bedarf es einer sehr viel intensiveren Wahrnehmung dessen, was von den Gesprächspartnern gehört wird, als dessen, was in zahlreichen Vorträgen und Publikationen vorgetragen wurde. Wie es an anderer Stelle einmal pointiert gesagt worden ist: in der Theologie wird viel zu viel geredet und viel zu wenig gehört. Hier ist ein weites Forschungsfeld, das insbesondere auch von der Theologie- und Dogmengeschichte beackern werden müsste: die historische Semantik zentraler Begriffe der Kontroverstheologie: Rechtfertigungslehre, Abendmahl-Eucharistie, Gebet, Gottesdienst, etc. Weniger das, was die lutherische Rechtfertigungslehre materialiter auszeichnet, als das, was ihre Expression und Performanz auslöst, gilt es zu erfassen. Das ist so unmöglich, wie es klingt nicht, denn zahlreiche Quellen erlauben einen tiefen und detaillierten Einblick in die Rezeptionsvorgänge der programmatischen, häufig sich kontroverstheologischer Polemik verdankender Textstücke. Exemplarisch hat dies Reinhard Staats einmal an dem protestantischen Hymnus „Ein feste Burg ist unser Gott…" durchdekliniert, der in Luthers Umdichtung des 46. Psalms nicht nur ein den Introituspsalm ersetzenden Gemeindegesang erblickt, sondern eine aktuelle Stellungnahme im Abendmahlsstreit mit den Zürchern Anhängern Zwinglis.[54] Er mag damit historisch Recht haben. Die Geschichte der Rezeption des Textes zeigt aber, dass es als anti-katholisches Kampflied ganz wesentlich zur protestantischen Identitätsbildung beigetragen hat und die konfessionelle Binnendifferenzierung des Textes völlig verdrängt.

Mit dem Begriff „verdrängt" wird ein altes Denkmuster verwendet. Nach Bachtin wird der Abendmahls-theologische Aspekt nicht verdrängt, sondern erklingt in der Gesamtharmonie des Liedes gleichberechtigt mit. Es ist eine individuelle Wahrnehmung, welche der einen vor der anderen Tonalität den Vorzug gibt.

Wenden wir uns vor diesem Hintergrund nun den praktischen Konsequenzen des interkonfessionellen Dialogs zu.

5.4 Deduktion – Induktion – Abduktion

Ein Analyseinstrument neben der Bachtinschen Literaturanalyse ist die logisch-semiotische Analyse kontroverstheologischer Polemik. Weniger das, was materialiter als lehrmäßig korrekte Formel Gültigkeit beansprucht, als vielmehr die Genese des Theorems und die Methode seiner Plausibilisierung stehen zur Debatte.

Der amerikanische Pragmatismus hat hinlänglich deutlich gemacht, dass die klassischen Rationalitätsmuster hier nicht ausreichen, um die innere Logik polemischer und kontroverser Diskursrhetorik zu erfassen. Der bloße Hinweis auf die derartigen Konflikten innewohnende Irrationalität –

---

[54] Reinhard Staats, „Ein feste Burg ist unser Gott". Die Entstehung des Lutherliedes im Abendmahlsstreit 1527, in: Theologische Literaturzeitung 123 (1998), Sp. 115–126; wiederabgedruckt und um ein Nachwort erweitert in: ders., Protestanten in der deutschen Geschichte, Leipzig 2004, 229-247

und die damit verbundene Handlungsmaxime künftig auf derlei Debatten zu verzichten, weil sie dem modernen Rationalitätsparadigma nicht mehr entsprechen – reicht bei weitem nicht aus. Die Frage muss vielmehr lauten, unter welchen Bedingungen einstmals rational plausible Argumente heute ihre Plausibilität verloren haben.

Die aus der aristotelisch fundierten Scholastik stammenden Argumentationsmuster einer binären Logik (Abaelard) und des praktischen Syllogismus (Anselm und die folgende Hochscholastik) fanden ihre Fortsetzung auch in der sie zutiefst negierenden aristotelisch geprägten konfessionellen Orthodoxie. Erst in Zeiten, als die Denkgewohnheiten des spätmittelalterlichen Schulbetriebs fragwürdig wurden – u.a. unter dem Einfluss einer differenzierteren und methodisch sich entwickelnden Naturbeobachtung – entwickelten sich unter dem Zwang alternativer Lösungsansätze innovative Einsichten: Es sind vor allem Pietismus und Aufklärung welche die gesamtgesellschaftliche anthropologische Wende theologisch fruchtbar machten. Und dies weniger im Antagonismus von Offenbarung und Vernunft, als vielmehr in der Entdeckung völlig neuere bzw. bisher vernachlässigter Kategorien menschlicher Wahrnehmung und Willensbildung: an erster Stelle ist hier das Gefühl zu nennen.

Während die Dogmatik sich nicht nur der Methoden der De- und Induktion verschrieb, sondern durch Abduktion, wie etwa die Übernahmen neuplatonische Seinsvorstellungen oder der aristotelischen Ordnungsschemata zu innovativen und kreativen Lösungen von Glaubenshemmnissen gelang, verharrte die Kontroverstheologie weitgehend bei deren Negation. Wechselseitig warf man sich nicht nur die theologisch unzulässige Innovation, sondern das prinzipielle Abweichen der ein für alle Mal klar und unverrückbar formulierten ewigen Wahrheit vor. Wenn überhaupt, diente der praktische Syllogismus zum Aufweis gänzlich absurder Schlussfolgerungen, die sich zwingend aus der damit desavouierten Position ergaben.

Es scheint sich hier ein weites Feld konzentrierter historisch-kritischer und systematischer Arbeit aufzutun. Was wäre eigentlich, wenn sich aufgrund der intensiven Beschäftigung mit wechselseitigen Verwerfungen und den damit verbundenen Denkverboten ganz neue Verständnisse etwa der Gegenwart Christi in Brot und Wein am Tisch des Herrn, des unverwechselbaren Charakters des Amtes und anderer Überlegungen und Konfliktpunkte ergeben. Insofern sich aus den Verwerfungen des 16. Jahrhunderts

konfessionsspezifische Denkgewohnheiten ergeben haben,[55] sind in vielfältigen Alltagsbegegnungen zwischen den Konfessionen zahlreiche Denk-
und Handlungshemmungen zu beobachten. Sie allein könnten das Feuer
ökumenischer Bemühungen eigentlich schon zur Genüge nähren. Aber in
der gegenwärtigen Situation scheint das Gegenteil der Fall zu sein.

Hieraus nun gleich psychologisierend auf Ermüdung und Enttäuschung
zu schließen – gleichsam das Phänomen eines ökumenischen „burn out
Syndroms" zu diagnostizieren – scheint irreführend. Es sind die Bedingungen, unter denen in zahlreichen ökumenisch interessierten Zirkeln nach der
Überwindung von Widerständen und Gegensätzen gesucht wird.

5.5 Prozessanalyse und Rekonstruktion symbolischer Interaktion

Dies gilt es nun empirisch-sozialwissenschaftlich zu ergründen. Gerade
weil die Analyse des Scheiterns bisheriger Konvergenz-, Konsens- und Di-
alogbegegnungen im methodischen Binnenraum der Theologie stattfinden,
sind die kommunikativen Potentiale dieser Begegnungen noch lange nicht
erkannt worden. Mit den Mitteln sozialwissenschaftlicher Prozessanalyse
wären die Vollzüge symbolischer Interaktion innerhalb kontroverstheologischer Begegnungen einmal nachzuvollziehen. Dabei dürfte deutlich werden, dass es sich nicht nur um themen- und kulturspezifische Codes handelt, in denen verhandelt wird, sondern auch dass die Klärung der gemeinschaftlich verwendeten Codes alles andere als konsensual festgestellt
wurde. Diese Feststellung lässt sich durch die Bachtinsche Literaturtheorie
ergänzen, wonach bei derartigen Sitzungen zwar ergebnisoffen diskutiert,
faktisch aber mit ergebnissichernden, geschlossenen Elementen. Dies in einer operationalisierten, vergleichsfähigen Analyse einmal nachzuzeichnen
ist allerdings nur der eine Aspekt des sehr viel breiter zu betrachtenden
Phänomens.

Die intellektuell-akademische Ökumene stellt in vielen Bereichen eine
Parallelwelt zur gemeindlichen und alltäglichen Ökumene-Erfahrung zahlreicher Menschen dar. In den vergangenen fünf Jahrhunderten hat sich
nicht nur das theologische Denken, in entscheidendem Maße vielmehr auch
die frömmigkeitliche Wahrnehmung und Performanz konfessionskulturell
geprägter Alltagswelt gravierend geändert. In dieser Allgemeinheit wird

---

[55] Einer konfessionsspezifischen Rationalisierung liegt – zumindest historiographisch – die
religionssoziologische Grundüberzeugung Max Webers zugrunde. Auf sie kann an dieser
Stelle nicht eingegangen werden. Freilich bleibt die Aufgabe bestehen, die Webersche These
unter den Bedingungen einer fortgeschrittenen Diskussion erneut auf ihre Anschlussfähigkeit
hin zu überprüfen. Vgl. dazu etwa Hermann Deuser – Michael Moxter (Hg.), Rationalität der
Religion und Kritik der Kultur, Würzburg 2002; Heiko Schulz – Jochen Schmidt (Hg.), Religion und Irrationalität. Historische und systematische Perspektiven, Tübingen 2013.

diesem Satz wiederum jedermann zustimmen können. Er ist so richtig wie banal. Viel wichtiger ist allerdings die Frage nach den Transformationen konfessioneller und konfessionskultureller Überzeugungen und Performationen.

Dies sei anhand einer kleinen Begebenheit erläutert: Als ich vor einigen Jahren im Kollegenkreis aufgrund einer Frage die Subtilitäten der konfessionsspezifischen Lehren zur Gegenwart Christi im Abendmahl erläuterte und dies vorzugsweise im Modus des Indikativ, fuhr mir ein Kollege mit empirisch-theologischer Ausrichtung dazwischen: „Aber das ist doch alles gar nicht wahr ...". Der Vorwurf resultierte nicht aus seiner reformierten Herkunft, sondern aus der jahrzehntelangen Erforschung „gelebter Religion" mit den Mitteln empirischer Sozialforschung. Kein Zweifel – auf dem Fußballplatz haben die Differenzen zwischen Kon- und Transsubstantiation keinen Ort. Aber wo dann? Wo spielen die Differenzen in der altkirchlichen Christologie im Erfahrungshorizont der Christen der Gegenwart überhaupt noch eine Rolle? Welchen Wert hat die Kenntnis historisch längst überwundener Stellungnahmen zur Pneumatologie oder Ekklesiologie?

Das Argument könnte zur Fehldeutung Anlaß geben: die genannten theologischen Diskurse haben alle durchaus ihren Ort oder Sitz im Leben. Allerdings nicht in der gelebten Religion des Alltags. Diese Feststellung sollte notwendig doch zu der Frage nach der Vermittlung von theologischer Einsicht und frommer Praxis führen. Diese mag verschiedentlich schon gestellt worden sein, allerdings kann man sich des Eindrucks nicht erwehren, dass eine um sich greifende Nonchalance deren Beantwortung sistiert und um der Eindeutigkeit in der gewählten Thematik Willen gänzlich außer Acht lässt.

Faktisch führt dies zu zwei einander widersprechenden Normengefügen, welche die jeweilige Welt akademisch-theologischen Lehrdiskurses und die der frömmigkeitlichen Praxis in Gemeinde und Seelsorge regulieren. Wird erstere vor allem von der Vorstellung einer der Wahrheit verpflichteten, methodisch sorgfältigen intrinsischen Akzeptanz beherrscht, leitet sich kirchliches Leben zunehmen von der Maxime „erlaubt ist, was gefällt" und der normativen Kraft des Faktischen ab.

5.6 Kreativität des Handelns

Zugegeben: das ist karikierend und pointiert überzeichnet. Freilich – die Tendenzen sind unübersehbar. Von daher ist hier ein Antagonismus rekonstruiert, der nach einer kreativen und innovativen Relation ruft. Die in den letzten Jahren von Denkern wie Hans Joas vertretene makrosoziologische

Beobachtung von Elementen kreativen Handelns, etwa auf dem Felde der Demokratie, kann in Kirche und Theologie ebenfalls nutzbringend angewendet werden. Man denke etwa an seine Theorien zur Werteentwicklung, zum Umgang mit Gewalt und Repression, sowie seine Studien zur „kreativen Demokratie", die in gebotener Modifikation erstaunliche Affinitäten zu innerkirchlichen Meinungsbildungsprozessen haben.

Freilich: Man sollte sehr sorgfältig auf die Utilitarismus-Falle achten. Zunächst einmal gilt es das kreative Potential der ökumenischen Begegnungen der letzten hundert Jahre wahrzunehmen. Ob und in welchem Maße sich daraus konkrete Handlungsoptionen ergeben, mag offen gelassen werden. Freilich erlaubt die Analyse nach Joas einer von jeglicher moralischer oder theologischer Bewertung unbelasteten Zugangsweise.

Das Problem im Umgang mit kreativen Handlungsoptionen auf dem weiten Feld der Ökumene scheint darum weniger die Frage nach Lösungsvorschlägen, als vielmehr die doktrinäre, oder konfessionelle Zensur – teilweise vorauseilenden Gehorsams um der Identitätspflege und Milieustabilisierung willen – und die theologische Denkgewohnheit, die sich im Blick auf religiöse Entwicklungen der Gegenwart erstaunlich wenig flexibel und anpassungsfähig zeigt.

6. Ein persönliches Schlusswort

In diesem Vortrag war wenig von Otto Hermann Pesch und seiner Katholischen Dogmatik aus ökumenischer Erfahrung die Rede. Ein Urteil über diese Dokumentation stupender Gelehrsamkeit und immensen Fleißes steht mir nicht zu. Freilich möchte ich meine akademische Dankesschuld auch nicht in der bloßen und dann womöglich unzureichenden Wiedergabe dessen, was mein akademischer Lehrer mir vor mehr als 30 Jahren beigebracht hat, abtragen. Das wäre ein riskantes Verfahren, würde es doch möglicherweise nicht mehr als das ans Tageslicht bringen, dass ich nicht genau genug gehört und noch weniger genau nachgedacht hätte. Der damit verbundene theoretische Rückschluss auf die pädagogischen Qualitäten meines Professors ist in jedem Falle zu vermeiden.

Der heutige Vortrag verdankt sich vielmehr einer nunmehr 35 Jahre zurückliegenden propädeutischen Veranstaltung, in der Pesch u.a. auf die Frage reagierte, wie er denn so entfernte Geister wie Thomas und Luther miteinander ins Gespräch gebracht habe. Er verwies damals, wie auch in anderen Zusammenhängen, auf die von Hans Georg Gadamer entlehnte Methode der Horizontverschmelzung.

Meine spätere intensive historische Ausbildung hatte zur Folge, dass ich diesem Verfahren mit wachsendem Misstrauen und dem steten Verdacht des Anachronismus begegnete. Der allfällige, auch gegenüber akademischen Lehrern notwendige emanzipatorische Akt (‚Vatermord‘) fand allerdings nicht so statt, dass ich nun Pesch zu widerlegen versuchte. Die Vergeblichkeit eines solchen Ansinnens war offenkundig und lähmte jegliche diesbezügliche Aktivität. Nein – die notwendige Energie zur Auseinandersetzung führte zunächst zu solider historischer Methodenanalyse und hermeneutischer Kritik. Und just von dieser her zurück zum systematisch hoch achtbaren Verfahren der Horizontverschmelzung. Die Kombination zweier, bisher in der Theologie nur marginal wahrgenommener Theorieansätze außertheologischer Provenienz, hat es mir nun möglich erscheinen lassen, der Methode der hermeneutischen Horizontverschmelzung mit einer valide Theorie aus Philosophie und Sozialwissenschaften zu begegnen. Dies freilich weniger, um die vermittelte hermeneutische Theorie zu verdrängen, als vielmehr ihr respektvoll etwas an die Seite zu stellen.

In diesem Sinne ist dieser Beitrag als ein Versuch einer respektvollen akademischen Performanz intellektueller Komplementarität zu verstehen, die der persönlichen Hochachtung vor der gewaltigen Lebensleistung von Otto Hermann Pesch keinen Abbruch tut, sondern vielmehr das Banner theologischer Glaubensreflexion aufnimmt und in ökumenischer Verantwortung weiterträgt.

Bibliographie Otto Hermann Pesch[1]

I. Bücher und monographische Veröffentlichungen

(38) Katholische Dogmatik. Aus ökumenischer Erfahrung.
Band I/1: Die Geschichte der Menschen mit Gott. Ostfildern:
Matthias-Grünewald Verlag 2008
Band I/2: Die Geschichte der Menschen mit Gott. Ostfildern:
Matthias-Grünewald Verlag 2008
Band II: Die Geschichte Gottes mit den Menschen. Ostfildern:
Matthias-Grünewald Verlag 2010

(o.N.) Kleines katholisches Glaubensbuch. Überarbeitete und erweiterte
16. Auflage von Nr. 9 (15. Auflage Mainz 2004), Mainz 2008

(o.N.) Martin Lutero. Introduzions storica e teologica [= italienische Über
setzung von Nr. 14 (Hinführung zu Luther, Mainz ³2004) mit einem
eigenen Vorwort zur Ausgabe] Brescia: Queriniana 2007

(o.N.) Zrozumeiec Lutra [= polnische Übersetzung von Nr. 14 (Hinführung
zu Luther, Mainz ³2004) mit einem eigenen Vorwort zur Ausgabe]
Poznan: W drodze 2008.

(39) Versöhnt verschieden? : Perspektiven der Ökumene (= Herder-Korres-
pondenz / Spezial 2010,1 Freiburg i. Br., 2010.

(o.N.) Die Zehn Gebote. 10. Überarbeitete und erweiterte Auflage von Nr.
10), Ostfildern: Matthias-Grünewald Verlag 2011

(o.N.) Das Zweite Vatikanische Konzil. Vorgeschichte – Verlauf – Ergeb
nisse – Wirkungsgeschichte. Aktualisierte 3. Auflage von Nr. 26 (Ta
schenbuchausgabe Würzburg ⁵2001) Kevelaer 2011

---

[1] Auf der Basis der leider nicht mehr vervollständigten über- und nachgelassenen Aufzeich-
nungen von Otto Hermann Pesch zusammengestellt von Markus Wriedt. Die vorliegende Bibliographie setzt – ohne Gewähr für Vollständigkeit und Richtigkeit – das Schriftenverzeichnis
aus der Festschrift „Kein Anlaß zur Verwerfung!" Studien zur Hermeneutik des ökumenischen Gesprächs herausgegeben von Johannes Brosseder und Markus Wriedt, Frankfurt am
Main 2007, 423–460 fort. Sowohl die Systematik wie auch die Nummerierung wurden beibe-
halten. Auf eine Unterscheidung von wissenschaftlichen und paswtoralen Veröffentlichungen
wurde verzichtet.

The Second Vatican Council. Prehistory - Event - Results - Posthistory by Otto Hermann Pesch. Translated by Deirdre Dempsey. Milwaukee WI: Marquette University Press 2014

(40) Umkehr und Buße : verstehen und feiern (ars liturgica), Stuttgart, Maria-Laach 2013

(41) Sprechender Glaube. Heute beten (Topos Taschenbücher 827), Kevelaer 2013

II. Zeitschriftenaufsätze, Artikel, Beiträge

(374) I cento passi del Concilio (Interview mit Pierangelo Gibvanetti) Avvenire, 6.Dezember 2005, S.26.

(375) I cento passi del Concilio (Interview mit Pierangelo Gibvanetti) Avvenire, 6.Dezember 2005, S.26.

(376) "Gemeinschaft der Heiligen". Wozu gehören wir denn da?, in: Ökumenische Rundschau 55 (2006), 275-294.

(377) Wie geht es weiter mit der Ökumene? Zwischen Frustration und Zuversicht. Festvortrag anlässlich des 65.Geburtatages von Weihbischof Dr. Hans-Jochen Jaschke, Hamburg, am 29. September 2006 in der Katholischen Akademie, in: KNA Ökumenische Information, Nr.44, 31.Oktober 2006, Beilage/Dokumentation Nr.14.

Zwischen Frust und Zuversicht. Wie geht es weiter mit der Ökumene? (= Teilabdruck von Nr. 377), in: Christ in der Gegenwart 58 (2006), Nr.47, 19. November 2006, 389f.

(378) Thomas von Aquin. Kein "populärer" Heiliger, in: Michael Langer (Hg.), Licht der Erde. Die Heiligen. 100 große Geschichten des Glaubens. München 2006. 350-359.

(379) Mannes Dominikus Koster OP (1901-1981). Kirche als Volk Gottes, in: Thomas Eggensperger/Ulrich Engel (Hg.), Mutig in die Zukunft. Dominikanische Beiträge zum Vatikanum II (= Dominikanische Quellen und Zeugnisse Bd.10), Leipzig 2007, 191-228.

(380) „Wo steht die katholische Lutherforschung" [What Is the State of Catholic Luther Studies?], in: Luther Digest. An Annual Abridgement of Luther Studies, 15 (2007) 119-120.

(381) Das Zweite Vatikanische Konzil und seine Rezeption. Bericht eines "Zeitzeugen zweiter Ordnung", in: Rottenburger Jahrbuch für Kirchengeschichte, Bd.26 (2007): Vierzig Jahre Zweites Vatikanisches Konzil, 279-286.

(382)   Wandlung. Eine Meditation über die Eucharistie. Meditation. Zeitschrift für christliche Spiritualität und Lebensgestaltung, 33 (2007) Heft 1, 2-6.

(383)   Christian Existence According to Thomas Aquinas, in: Pontifical Institute of Mediaeval Studies (ed.), The Gilson Lectures on Thomas Aquinas (Etienne Gilson Series 30), Toronto (Ontario) (Pontifical Institute of Mediaeval Studies) 2008, 204-230.

(384)   „Die Möglichkeiten sind nicht ausgeschöpft". Ein Gespräch mit Otto Hermann Pesch zur ökumenischen Situation [Interview mit Ulrich Ruh], in: Herder Korrespondenz 62 (2008), Heft 6[1], Juni 2008, 286-290.
          italienische Übersetzung: Le possibilità non sono esaurite. Intervista a O.H.Pesch sulla situazione ecumenical, in: Il Regno, quindicinale di attualità e documenti, 2008, Nr.12, 365-368.

(385)   Hans Küng und das freie Wort in der Kirche. Zum zweiten Band seiner Autobiographie, in: Stimmen der Zeit 226 (2008), 547-561

(386)   Auf dem Wege zu einer „Gemeinsamen Erklärung zum Kirchlichen Amt in apostolischer Nachfolge". Ein Plädoyer, in: Dorothea Sattler/Gunther Wenz (Hg.), Das Kirchliche Amt in apostolischer Nachfolge. Bd.III: Verständigungen und Differenzen (Dialog der Kirchen 14), Freiburg i.Br. Göttingen 2008, 155-166.

(387)   500 Jahre Reformation. Ökumenische Herausforderungen In der Vorbereitung auf das Jahr 2017, in: KNA - Ökumenische Information, Nr.50, 9.Dezember 2008, Beilage "Thema der Woche", S.1-14.

(388)   Ökumenisch glauben?, in: sankt thomas brief vom 6.Juli 2008, 4f.

(389)   Der Ablass - ein theologisches Problem, in: Christ in der Gegenwart 60 (2008) Nr.29 (20.Juli 2008) 321f.

(390)   Der Ablass - eine unerledigte Anfrage Martin Luthers, in: Christ in der Gegenwart 60 (2008) Nr.30 (27.Juli 2008) 329f.

(391)   Paulus - der Heilige der Reformation. Wie der Völkerapostel zum Kronzeugen lutherischer Theologie wurde. Welt und Umwelt der Bibel, Heft 1 / 2009, 54-59.

(392)   A Contemporary Christological Basic Formula: Guidelines For an `Inter-Contextual Christology', in: Stuart George Hall (ed.), Jesus Christ Today. Studies of Christology in Various Contexts. Proceedings of the Academie Internationale des Sciences Religieuses, Oxford 25-29 August 2006 and Princeton 25-30 August 2007, Berlin - New York 2009, 337-356.

(393)   Anselm von Canterbury und die Lehre von der stellvertretenden Genugtuung Christi. Eine kleine kritische Ehrenrettung, in: Beatrice Acklin Zimmermann/Franz Annen (Hgg.), Versöhnt durch den Opfertod Christi? Der christliche Sühnopfertheologie auf der Anklagebank, Zürich 2009, 57-74.

(394)   In Verantwortung für den Glauben. Theologie heute: Aufgaben und Chancen, in: ThG1 99 (2009) 477-502.

(395)   Thomas von Aquin im ökumenischen Dialog mit Luther. Stolperstein oder Brücke? ThPQ 157(2009) 295-307; 298-406.

(396)   Zwischen "Katechismussystematik" und Summa Theologiae. Grübeleien über den „richtigen" Aufbau einer dogmatischen Theologie, in: Johannes von Lüpke/Edgar Thaidigsmann (Hgg.), Denkraum Katechismus. Festgabe für Oswald Bayer zum 70. Geburtstag, Tübingen (Mohr Siebeck) 2009, 3-17.

(397)   für uns gekreuzigt". Erlösung: wovon - wodurch - wozu? (Reihe ZuMutungGlaube IV). in: zur debatte. Themen der Katholischen Akademie in Bayern, 39 (2009), Heft 7, 19-22.

(398)   Wahrheitsanspruch des Christentums und Religionsfreiheit. Tagung "Standortbestimmung. Eine Relecture des Zweiten Vatikanums", in: zur debatte (siehe Nr.253) 8 (2009), Heft 8, 14-16.

(399)   Martin Luther und die katholische Kirche, in: Christ in der Gegenwart 61 (2009) Nr.43 (25.Oktober 2009) 581f.; Nr. 44 (6.November 2009) 589f.

(400)   Die Reformation in katholischer Sicht - Zustimmung und Anfragen, in: Günter Frank/Albert Käuflein (Hgg.), Ökumene heute, Freiburg i.Br 2010, 125-159.

(401)   Lassen wir den Geist wirken! [zum Ökumenischen Kirchentag 2010], in: Christ in der Gegenwart 62 (2010) Nr. 19 (9.Mai 2010)209f.

(402)   Rückblick eines Aktiven beim 2.Ökum. Kirchentag in München, in: sankt thomas brief, Advent 2010, 7-9.

(403)   „Wider die Resignation in der Ökumene" – Aufbruch, Ernüchterung, Hoffnung. [Dokumentation der Beiträge einer Podiumsdiskussion, hg. von der KirchenVolksBewegung "Wir sind Kirche"]. 2010.

(404)   Luther rehabilitieren! Der katholische rieologe und Lutherforscher Otto Hermann Pesch möchte, Martin Luther bis zum Jubiläumsjahr 2017 vom Bann befreien. Geht das überhaupt? Interview mit Uwe Birnstein, in: Sonntagsblatt. Das Magazin für engagierte Christen. Thema: Luther 5 /2010. 46-48.

(405)   Interview mit O.H.Pesch (Reihe Ökumenisches Portrait), in: UNA SANCTA 1/2011, 84-88

(406)   La Parole de Dieu et la theologie chez St. Thomas d'Aquin, in: Jean-Marie Van Cangh (ed.), Dieu parle aujourd'hui. La Parole de Dieu dans les grandes traditions religieuses (Publications de l'Academie Internationale des Sciences Religieuses), Paris (Cerf) 2011, 107-122.

(407)   Paulus Engelhardt als Interpret des hl. Thomas von Aquin, in: Wort und Antwort, 52 (2011) Heft 2: Im Dialog. Paulus Engelhardt OP 90 Jahre, 58-61.
Mit kleinen Erweiterungen abgedruckt in: die Kirche. Evangelische Wochenzeitung, Nr.6, 6.Febuar 2011, 3.

(408)   Brauchen wir "Selige" und "Heilige"? In: Erzbistum Hamburg/Bistum Osnabrück (Hg.), "Wer sterben kann, wer will den zwingen?" Zur Seligsprechung der Lübecker Märtyrer, Hamburg, 2011, 79-81.

(409)   Geleitwort zu: Konfessionell-kooperativer Religionsunterricht als Herausforderung. Eine empirische Studie zu einem Pilotprojekt im Lehramtsstudium von Sabine Pemsel-Maier; Joachim Weinhardt; Marc Weinhardt in Zusammenarbeit mit Brigitta Heim. Stuttgart 2011.

(410)   Luther und der Papst : die Geschichte der Trennung und die ökumenischen Chancen der Gegenwart, in: Standpunkt 207 (2012), 3-11.

(411)   In Erwartung des Kommenden, in: Lebendige Seelsorge 63 (2012), 333-335.

(412)   Immer Kontinuität! Ein Gespräch, in: Lebendige Seelsorge 63 (2012), 320-324.

(413)   „Meine" Konzilsgeschichte. Wie ich das Konzil erlebte, in: Salzburger theologische Zeitschrift 16 (2012), 1, 88-106.

(414)   Jesus hat kein Papsttum gestiftet! In: Bibel und Kirche 67 (2012) 4, 238-243.

(415)   Martin Luther im katholischen Urteil. Zwischen Verteufelung und dankbarer Aneignung Spurenlese, in: kulturelle Wirkungen der Reformation hrsg. von der Reformationsgeschichtlichen Sozietät der Martin-Luther-Universität Halle-Wittenberg, Leipzig, 2013, 449-483.

(416)   „Da war es aus mit ihm". Wirklich? Luther und Augustinus – ein kritisch-konstruktives Verhältnis, in: Der Jansenismus - eine „katholische Häresie"? das Ringen um Gnade, Rechtfertigung und die Autorität Augustins in der frühen Neuzeit hg. Von Dominik Burkard u.a. Münster 2014, 13-35.

III. Rezensionen

(42) Hans Küng: Erkämpfte Freiheit. Erinnerungen. München 2003 [unter dem Titel: Hans Küng - Sachwalter des Glaubens. Zum ersten Band der Autobiographie von Hans Küng], in: Stimmen der Zeit 221 (2003) 495-499.

(43) Elisabeth Gössmann: Geburtsfehler: weiblich. Lebenserinnerungen einer katholischen Theologin. München 2003 [unter dem Titel: "Geburtsfehler: weiblich". Zu Elisabeth Gössmanns Lebenserinnerungen], in: Stimmen der Zeit 222 (2004) 352-356.

(44) Alexander Loichinger: Ist der Glaube vernünftig? Zur Frage nach der Rationalität in Philosophie und Theologie. Neuried bei München 1999, in: Münchner Theologische Zeitschrift 54 (2003) 281-284.

(45) Rik van Nieuwenhove/Joseph Wawrykow (Ed.): The Theology of Thomas Aquinas. Notre Dame IN 2005. Archa Verbi 3 (2006) 198-203.

(46) Ulrich Horst: Wege in die Nachfolge Christi. Die Theologie des Ordensstandes nach Thomas von Aquin. Berlin 2006, in: Theologische Literaturzeitung 132 (2007) 1322-1323.

(47) Medard Kehl,: „Und Gott sah, dass es gut war." Eine Theologie der Schöpfung. Unter Mitwirkung von Hans-Dieter Mutschier und Michael Sievernich, Freiburg i.br. 2006, in: Theologie und Philosophie 83 (2008) 456f.

(48) Ralf Miggelbrink, Lebensfülle. Für die Wiederentdeckung einer theologischen Kategorie (Quaestiones Disputatae 235). Freiburg i.br. 2009, in: Ökumenische Rundschau 60 (2011) 400f.

(49) M.-D.Chenu: Die Theologie als Wissenschaft im 13. Jahrhundert. Aus dem Französischen von Michael Lauble (Collection Chenu 4, hrsg. vom Institut M. Dominique Chenu – Espaces Berlin, durch Thomas Eggensperger und Ulrich Engel). Ostfildern 2008., in: Theologische Revue 106 (2010) Heft 6

(50) Paul-Werner Scheele: Als Journalist beim Konzil. Erfahrungen und Erkenntnisse in der 3.Session. Würzburg (Echter) 2010, Zeitschrift für Kirchengeschichte 122 (2011) 425.

(51) Volker Leppin: Thomas von Aquin (Zugänge zum Denken des Mittelalters Bd.5). Münster (Aschendorff) 2009, in: Theologische Literaturzeitung 136 (2011) 421-423.

(52) Dietrich Korsch/Volker Leppin (Hg.): Martin Luther Theologie und Biographie. Tübingen (Mohr Siebeck) 2010, in: Christ in der Gegenwart 63 (2011) H.23, 250.

IV. Herausgaben[2]

(15) Beatitude eschatologique et bonheur humain. Sous la direction de Otto Hermann Pesch et Jean-Marie 'Van Cangh (Publications de l'Academie Internationale des Sciences Religieuses). Bruxelles (Academie Internationale des Sciences Religieuses) – Paris 2005.

(16) L'homme, image de Dieu. Donnees bibliques, historiques et theologiques. Sous la direction de Otto Hermann Pesch et Jean-Marie Van Cangh (Publications de l'Academie Internationale des Sciences Religieuses). Bruxelles (Academie Internationale des Sciences Religieuses) – Paris 2006.

(17) Gottes Kirche für die Menschen. Erwartungen – Forderungen – Träume. Ostfildern 2011.

(18) (Zusammen mit Johannes Brosseder, Peter Neuner, Jürgen Werbick): Heinrich Fries: Mut zur Ökumene. Erfahrungen - Hoffnungen - Visionen. Zum 100. Geburtstag von Heinrich Fries. Ostfildern (Matthias-Grünewald-Verlag) 2011.

---

[2] Die Nummerierung dieses Abschnittes in der Ausgabe von 2007 ist fehlerhaft und beginnt mit Nr. 42 (fortlaufend bis 55). Richtig muss es heißen: 1–14. Daher beginnt die hiesige Aufzählung mit der Ordnungsziffer 15.

Markus Wriedt

Nachwort

Das Symposion zu Ehren von Otto Hermann Pesch stand unter dem Generalthema Glaube – Tradition – Lehre. Vom Sinn und Nutzen einer kirchlichen Lehre in ökumenischer Verantwortung. Bewusst hatten die Veranstalter den Untertitel des umfangreichen dogmatischen Hauptwerkes von Otto Hermann Pesch verwandelt und aus Erfahrung Verantwortung werden lassen. In dieser Verantwortung hatte der zu Ehrende zum einen mehrere Generationen von Studierenden erzogen. Zugleich war er in dieser Verantwortung damit seinen Gesprächspartnern und Freunden jenseits konfessioneller Grenzen begegnet. So sehr sein Abschlusswerk auch zuweilen ins Anekdotische und Persönliche gerät, so sehr treten doch diese Passagen zurück hinter das Anliegen einer gleichermaßen dem Glauben wie der Tradition gegenüber verantwortete Lehre vorzutragen. Wir – seine Schüler, wie auch seine Wegbegleiter und Freunde – sahen darin den Auftrag, in gleicher Verantwortlichkeit, *sine ira et studio,* jene Wege einerseits zu beschreiben, die Pesch innovativ, streitbar, niemals freilich die Würde und die Bedeutung des gegnerischen Arguments verzeichnend und ihnen andererseits auch allein mit der Orientierungshilfe des Lebenswerkes von Hermann Pesch weiter zu folgen. Nicht allen Wegmarken wollte er folgen und nicht alle Fortschreibungen seines Oeuvres konnte er für sich annehmen.

Darum endete das bei aller Jubiläumsfreude zutiefst sachorientierte Kolloquium mit einer lebendigen Abschlussdiskussion, in der dem Geehrten Gelegenheit gegeben wurde, auf die vorgetragenen Gedanken zu reagieren. Er tat das in der ihm eigenen Weise mit zahlreichen Anekdoten und Anspielungen aus seinem mehr als fünfzig Jahre währenden ökumenischen Engagement. Dass er nicht mit allen Anregungen und Bemerkungen einverstanden war, verwunderte niemanden. Aber wie er die Ansätze zum Weiterdenken mit dem Erlebten und Bedachten der vergangenen Jahre zusammen führte, machte deutlich, wie sehr der Aufbruch nach dem zweiten Vatikanischen Konzil auch heute noch zu einem grundlegenden Element der konfessionellen Theologie, und damit nicht nur der Römisch-Katholischen geworden ist. Dieses miterlebt und im Prozess des Denkens nachverfolgen zu können, war für die jüngeren Teilnehmer und Teilnehmerinnen des Symposions eine außergewöhnliche Erfahrung und hat je einzeln auch schon zu weiterführenden Aktivitäten geführt.

So anregend diese abschließende Gesprächsrunde auch gewesen ist, so sehr mussten die Organisatoren der Tatsache Rechnung tragen, dass sie die Kraft und Energie des Jubilars erheblich strapaziert hatten. Den Wunsch nach einer selbständigen abschließenden Stellungnahme in diesem Band konnte Hermann Pesch dem Herausgeber nicht erfüllen. Auch eine letzte Überarbeitung der Bibliographie mit den allerletzten Veröffentlichungen konnte er nicht mehr liefern. Im Sommer 2014 erkrankte Otto Hermann Pesch sehr schwer. Am 8. September verstarb er in München.

Otto Hermann Pesch wurde am 8. Oktober 1931 in Köln in eine Kaufmannsfamilie hineingeboren. Nach dem Abitur 1952 absolvierte er das Studium der Philosophie und Katholischen Theologie an der damaligen Philosophisch-Theologischen Hochschule der Dominikaner in Walberberg bei Köln und an der Universität München. Nebenbei betrieb er intensiv auch Studien an der Orgel und war lange unentschlossen, ob die Kirchenmusik nicht sein Berufsziel werden sollte. U.a. entstand in dieser Zeit ein – leider unveröffentlichtes Bratschenkonzert. Nach Noviziat und Eintritt in den Orden der Predigerbrüder, der u.a. mit dem Namenszusatz Maria kenntlich gemacht wurde, wurde Otto Hermann Pesch zum Priester 1958 geweiht. 1965 übernahm er eine Dozentur in Walberberg und beeindruckte nicht nur durch profundes Wissen, sondern eine lebensnahe Vortragsart, die ihn auch bei Studierenden der Theologie aus dem nahegelegenen Hochschulen in Bonn, St. Augustin und Hennef rasch bekannt und beliebt werden ließ. Zugleich nahm er intensiv seine Aufgabe als Seelsorger und Prediger war. Aus diesen Erfahrungen heraus publizierte er zahlreiche kleine, allgemeinverständliche Werke zur katholischen Theologie, die sich bis heute in hohen Auflagenzahlen als Bestseller erweisen. Nahezu zeitgleich mit dem zweiten Vatikanischen Konzil schrieb er an seiner monumentalen Dissertation zum Thema ,Theologie der Rechtfertigung bei Martin Luther und Thomas von Aquin: Versuch eines systematisch-theologischen Dialogs'. Diese Arbeit wurde 1965 an der Universität München in der katholisch-theologischen Fakultät bei Heinrich Fries promoviert. 1972 schied er – wie er immer wieder betonte „in Frieden" aus dem Dominikanerorden aus und heiratete Hedwig Schwarz, eine Kunstpädagogin und engagierte Malerin. Nach langwieriger Verhandlung u.a. mit der deutschen Bischofskonferenz und deren Vorsitzendem Josef Kardinal Volk konnte er 1975 als römisch-katholischer Theologe eine Professur für systematische Theologie an der evangelisch-theologischen Fakultät der Universität Hamburg berufen werden. Dort wirkte er bis zu seiner Pensionierung im Jahre 1998. Pesch engagierte sich für die kontroverstheologische Arbeit in ökumenischem Geist insbesondere für die Ökumene und drängte auf Fortschritte im Prozess auf eine gegenseitige Anerkennung und gemeinsame Verkündigungs- und Sakramentsgemeinschaft der beiden großen abendländischen Kirchen. Als einen wichtigen Schritt dazu forderte er die Aufhebung der Lehrverurteilungen gegen Luther und in den letzten Jahren nach der gemeinsamen Erklärung zur Rechtfertigungslehre nunmehr eine zweite Erklärung zu Amt und Sakramenten.

Stets las er mit großem Anklang die Regelvorlesungen in Dogmatik und Ökumenik und hielt diskursoffene Seminare mit zeitweilig übergroßen Studierendenzahlen. Neben die systematischen Fragestellungen traten immer wieder zu genauer Textlektüre und sorgfältiger Interpretation anregende Seminare zur Scholastik des Thomas von Aquin und seinen Werken, die er in einem Vortrag einmal als „Gottesdienst des Denkens" bezeichnete. Pesch war korrespondierendes Mitglied des Ökumenischen Arbeitskreises evangelischer und katholischer Theologen und zahlreicher weiterer akademischer Gesellschaften. Mit zahlreichen akademischen und kirchlichen Fortbildungsinstitutionen verbanden ihn langjährige Kooperationen, mit einer großen Zahl von Kollegen war er persönlich befreundet. Pesch gehörte zu den meistgefragtesten katholischen Lutherforschern am Ende des 20. Jahrhunderts. Bis kurz vor seinem Tode hatte er immer wieder Anfragen zu diesem seinem Lebensthema. Zugleich mischte er sich mit publikumswirksamen Auftritten auch in die aktuelle Bildungspolitik – u.a. als Martin Luther auf dem Hamburger Gänsemarkt – in Gegenwartsfragen und Debatten wortmächtig ein. Aus diesen vielfältigen Aktivitäten gingen um die fünfzig monographische Veröffentlichungen sowie mehr als 460 Aufsätzen, Rezensionen und Miszellen hervor. Für knapp zwanzig Sammelbände zeichnete er als Herausgeber verantwortlich. Für sein wissenschaftliches wie kirchlich-theologisches Engagement zeichneten ihn die theologische Fakultät der Johannes Gutenberg-Universität Mainz und die Friedrich Schiller-Universität Jena mit der Würde eines Ehrendoktors aus.

Nach dem Ausscheiden aus dem aktiven Dienst als Hochschullehrer zog er nach München und widmete sich dort ganz der theologischen Schriftstellerei. Seine Monographien zu Thomas, Luther und dem zweiten Vatikanischen Konzil wurden überarbeitet, revidiert und zum Teil erheblich erweitert weiterer Auflagen zugeführt. Sein größtes Engagement galt allerdings dem Abschluss seines Lebenswerkes, der zweibändigen katholischen Dogmatik aus ökumenischer Erfahrung. In ihr sammelte er detailgenau und mit zahlreichen persönlichen Erfahrungen und Reminiszenzen aus 50 Jahren aktiv gestalteter akademischer Arbeit einen Überblick zu den

Markus Wriedt

Lehraussagen seiner Kirche. In ihr finden fundamentaltheologische Reflexion, das Gebäude der katholischen Lehrüberzeugungen, in einer zeitgemäßen Berufung auf den Lehrer der Kirche Thomas von Aquin, aber auch die lebenslange Beschäftigung mit Luther und seine grundlegende ökumenische Gesinnung ihren Ausdruck.

Während der Drucklegung des Bandes verstarb auch unerwartet der engagierte Ökumeniker, Johannes Brosseder, aus Köln am 10. Juni 2014. Sein Tod markiert wie der seines langjährigen Freundes und Kollegen Otto Hermann Pesch schmerzlich den allfälligen Generationenwechsel der Vertreter und Vertreterinnen konfessioneller Wahrheitsansprüche im ökumenischen Dialog in Universität und Kirche. Er mahnt, die erreichten Fortschritte in Verständnis und Miteinander nicht leichtfertig aufs Spiel zu setzen und zugleich das eigene Engagement *sub specie aeternitatis* nicht zu verabsolutieren.

Aufgrund des Todes dieser beiden großen Vertreter der katholischen Ökumene, dem zeitgleich auch der Tod des nicht minder engagierten evangelischen Vertreters interkonfessioneller Anerkennung Wolfhard Pannenberg am 4. September diesen Jahres in München ist dieser Band ganz gegen die ursprüngliche Publikationsintention zu einem letzten Gruß und in dem Bemühen abgeschlossen worden, das wissenschaftliche Erbe von Hermann Pesch und seinen Mitstreitern zu bewahren und ihr persönliches Engagement im Licht der weiteren Arbeit zu erinnern.

In den Gesprächen der letzten Monate betonte Pesch immer wieder seinen Dank für die ihm widerfahrene Ehrung. Insbesondere lag ihm am Herzen, Kardinal Lehmann für seinen Beitrag und seine Mitwirkung von Herzen zu danken. Gleichermaßen wollte er diesen Dank auch allen anderen Referenten, auch jenen gegenüber, deren Beiträge nicht in diesem Bändchen abgedruckt sind, ausgesprochen wissen.

Was bleibt, ist neben dem Hinweis auf das bemerkenswert umfangreiche und von zahlreichem Detailwissen und Quellenmaterial sowie dessen subtiler Auswertung geprägte Werk des Jubilars aus bald 60 Jahren intensiven Studiums und Austausches. Dass trotz des Abstandes von mehr als einem halben Jahrhundert die Bücher dennoch nicht im Dunkel der Theologiegeschichte verschwinden sollten, ist aus den vielfältigen Anspielungen und Bezugnahmen der hier zusammen gebundenen Beiträge deutlich geworden. Hierbei reicht der Rahmen von theologiegeschichtlicher Quellenanalyse, über die systematische Entwicklung von inter-konfessionellen und -religiösen Gesprächsansätzen bis hin zu dezidiert nicht-christlichen Textauslegungsweisen, die eigentümlich korrelieren. Das Werk von Pesch trägt diesen Überlegungen nicht überall Rechnung – wie sollte das bei aller stupenden Gelehrsamkeit auch möglich sein – lässt aber erkennen, wie Wege weiter gegangen werden und die Rückbesinnung auf das biblische Zeugnis zum Zentrum einer umfassenden Welt- und Wirklichkeitserklärung zu werden vermag. Hierin liegt das eigentliche Besondere des dogmatischen Werkes von Pesch: seine bleibende Aktualität verdankt sich nicht allein dem weitblickenden Intellekt des Autors, sondern eben und vor allen Dingen dem Kernbestand der traktierten Lehre und Tradition. Wenn das Evangelium für die bleibende Bedeutung und Wirkmächtigkeit theologischen Arbeitens bürgt, muss man sich um die Zukunft dieser Wissenschaft keine Sorge machen!

Darüber hinaus wurde auch deutlich, dass manche Ansätze von Otto Hermann Pesch nicht nur aktuell, sondern auch hoch anschlussfähig für anders gelagerte Diskussionen im *„orbis litterarum"* und eben nicht nur in der theologisch gebildeten *„res publica litteraria"* ist. Dass Theologie nach Meinung des Jubilars mitten im Leben ihren Ort hat, wurde aus seinen zahlreichen für interessierte Leser, die keine Fachtheologen sind, genügend deutlich. Dass er sich zugleich auf „Fachsimpeleien" und mit geschliffenem Florett elegant ausgefochtene Kontroversen gleichermaßen verstand, beweisen seine weit verstreuten Beiträge in Zeitschriften, Aufsatzbänden und Festgaben zur Genüge.

Neben dem Rückblick auf ein reiches Schaffen erlaubt so dieses kleine Festkolloquium auch die hoffnungsfrohe Feststellung, dass die theologische Arbeit sowohl im fachlichen Detail und in der Abgeschiedenheit der Studierzimmer, wie in der Öffentlichkeit der Akademien, Seminare, der Universitäten und nicht zuletzt der Kirchen selbst weitergeht. Bei manchem Schmerz, den mangelnder Mut und zuweilen eintretende Rückschritte in der ökumenischen Arbeit immer wieder auslösen, ist doch nicht zu übersehen, dass – nicht zuletzt ausgelöst durch die mit mannigfaltigen Reminiszenzen im Rückblick auf zahlreiche Begegnungen, die Pesch höchst unterhaltsam in die Darlegung komplizierter Zusammenhänge einfließen lässt – der lebendige Austausch erhalten ist und nun von Vertretern jüngerer Generationen zu pflegen sein wird.

Vielleicht ist es dies, was das Symposion auch als Botschaft mit verbreitet hat: Theologie hat viel mit Biographie, Lehre sehr viel mit Leben zu tun. Wo Menschen in wechselseitiger Hochachtung bis hin zur persönlichen Freundschaft sich tagsüber an Texten und Zeugnissen sowie deren Interpretationen abarbeiten, sind am Abend auch das gemeinsame Essen und die lebendige Gemeinschaft wirkmächtig. In Mainz fehlt dabei das Glas Wein ebenso wenig wie in München eine „g'scheite Mass". Auch dies wurde in der gastfreundlichen Atmosphäre des Erbacher Hofes in herzlicher Gemeinschaft erlebt und die Tradition inzwischen fast legendärer Zusammenkünfte in den verschiedenen Zentren der interkonfessionellen Ökumene weiter gepflegt. Gebe Gott, dass diesem Treffen noch viele weitere folgen, in denen der Austausch über die Auslegung der Schrift und die Lehre der Kirche lebendig bleibt.